AURORE OU CRÉPUSCULE
RÉSISTONS !

Du même auteur au cherche midi

La Parole donnée (2008)
Le Retour du citoyen (2011)
À la rencontre des Français (2015)

Aux éditions de La Différence

Un berger à l'Élysée (2016)
Résistons ! Le temps est venu (2017)

JEAN LASSALLE

AURORE OU CRÉPUSCULE RÉSISTONS !

COLLECTION **DOCUMENTS**

cherche midi

Vous pouvez consulter notre catalogue général
et l'annonce de nos prochaines parutions sur notre site :
www.cherche-midi.com

92, avenue de France
75013 Paris

Composition : Peter Vogelpoel
Dépôt légal : juin 2020
ISBN 978-2-7491-6432-8

AVERTISSEMENT

Le présent ouvrage a été adressé pour édition avant la crise du Covid-19 qui s'est brutalement abattue sur la France et le monde. Il m'est apparu que cet ouvrage avait déjà sa propre raison d'être et sa cohérence, c'est la raison pour laquelle j'ai décidé de ne rien changer au manuscrit initial. J'aurai l'occasion de revenir sur cette grave crise et ses prolongements à l'occasion de mon prochain livre.

« *Je caresse l'espoir enthousiaste mais lucide que ma démarche soit porteuse de réflexions nouvelles et apaisées pour notre pays* », Jean Lassalle, *Le Retour du citoyen*, 2011.

« *Toute vérité franchit trois étapes. D'abord elle est ridiculisée. Ensuite, elle subit une forte opposition. Puis, elle est considérée comme ayant toujours été une évidence* », Arthur Schopenhauer.

AVANT-PROPOS

Aurore ou crépuscule, il faut accepter de prendre ce texte tel qu'il est. Je me suis efforcé de l'écrire dans l'évidence du constat, l'urgence du péril et de la prise de conscience, l'impératif d'une action inspirée.

Je voudrais qu'il résonne comme un appel et possède la force du cri.

Je ne suis pas moraliste et je n'accepte pas qu'on me fasse la morale. Dans le même temps, depuis une trentaine d'années – plus précisément au cours de cette dernière décennie – il m'apparaît évident que nous vivons une situation politique et sociale insupportable, et à vrai dire inhumaine.

Les quelques réflexions qui suivent se veulent une manière de participer à un mouvement plus général et d'alimenter une réflexion de rupture.

Je me suis laissé guider par mon désir d'être utile et la volonté d'engagement qui m'animent. Ils guident ma déjà longue marche en quête d'un futur nouveau entre aurore et crépuscule…

Lourdios-Ichère

Cher compatriote,

Je reçois ce jour une nouvelle lettre de vous.

Vous m'écrivez de plus en plus souvent.

Je vous en remercie.

Je me propose de vous répondre aussi souvent que possible. Je souhaite ardemment que nous établissions une réflexion partagée sur l'univers kafkaïen qui s'est emparé de notre quotidien. Je suis persuadé que chemin faisant, nous pouvons y retrouver un peu de lucidité, de bon sens, et ainsi des raisons d'espérer de nouveau. Imaginons que notre recherche éclaire aussi le chemin de ceux qui voudraient bien s'y associer.

Je vous propose d'évoluer entre aurore et crépuscule. Ces instants-là vous émeuvent autant qu'ils me fascinent. Vous aimez la France comme je l'aime.

En route ! Merci cher compatriote.

J'AIME LA FRANCE

Lourdios-Ichère

Cher compatriote,

Vous avez eu une belle expression : « *Je suis devenu aphone. Et j'ai pourtant tant de choses à dire!* ». L'écho de ces mots résonne en moi par ce jour pluvieux quand mes montagnes ensevelies sous les nuages restent, elles aussi, silencieuses. Je ne les sens pas désespérées, peut-être parce qu'elles savent depuis longtemps que le soleil reviendra et avec lui la même symphonie pastorale dont chacun est l'acteur et le spectateur médusé par tant de beauté. Elle est complicité, écoute et fulgurance. Elle est vivante et joyeuse.

J'aime la France. J'aime sa plus anodine route départementale, comme j'aime Chambord. J'aime Calais, comme j'aime Calvi, Bordeaux, Paris, Sarcelles. J'aime les petites vieilles de la montagne, comme les jeunes qui traînent leur ennui au pied des tours. J'aime ses poètes, comme ses ouvriers.

J'aime la France et j'aime ses habitants. C'est notre patrie et rien ne m'affecte plus que de voir à quel point la France se délite et sa population cesse d'être un peuple.

Comme vous tous, je vois notre grand pays sortir peu à peu de l'histoire et notre belle Nation s'abaisser à des luttes fratricides, sur fond de désespoir.

Que de ressources immenses gâchées faute de ne pouvoir s'exprimer ou d'être prises en compte ! Que ce soit au niveau de la pensée, des idées ou de nos richesses humaines, naturelles...

Notre France se meurt de ne plus porter en elle son dessein universaliste, de ne plus être habitée par une vision, de ne plus assumer ce qui lui a conféré sa grandeur : une lueur dans la nuit que peut être l'humanité.

C'est avec l'espoir que vous retrouviez la parole et que vous puissiez à nouveau dire. Réinvestissons ensemble le verbe et la plume. Nous dirons à notre peuple combien nous l'aimons. Nous le toucherons au cœur. D'autres se lèveront à leur tour. Ils parleront aussi.

Grâce à vous et, je l'espère, avec vous cher compatriote.

Fraternelle amitié,
J. L.

LA FRANCE :
UN PHARE
DANS LA NUIT ?

DES LUMIÈRES ILLUSOIRES

Paris

Cher compatriote,

Paris brille de mille feux ce soir, mais, je ne sais pour quelle raison, j'ai soudain conscience de la fragilité de ses lumières.

À l'image de ces photographies prises par satellite où l'on découvre une planète que la nuit ne recouvre pas, notre monde se croit lumineux même au cœur des ténèbres. Les îlots de lumière s'y multiplient autour des centres urbains, le long des côtes et des axes de circulation. Dans ces zones, l'activité humaine ne connaît pas de pause. L'ensemble forme un immense empire où le soleil ne se couche jamais, et en comparaison duquel ceux qui ont traversé l'histoire paraissent insignifiants.

Face à cette planète qui brille de mille feux, des sentiments contradictoires nous envahissent. Nous sommes d'abord saisis d'admiration devant les prouesses technologiques de l'homme et sa capacité à reculer toujours plus loin les contraintes naturelles.

Mais bientôt l'effroi monte devant tant de mégalomanie.

L'humanité est devenue, comme le prédisait Descartes il y a près de quatre siècles, « maître et possesseur de la nature ».

Pour le meilleur et pour le pire.

Il suffit qu'au cœur des villes, la lumière vienne à s'éteindre pour que les populations plongent dans le désarroi, le manque, la peur.

Le 3 décembre 2014, la ville de Détroit a subi une panne d'électricité totale. « Conséquence, plus de courant pour les écoles, les commissariats, l'université, le Detroit People Mover, monorail automatique en centre-ville, les tribunaux, l'hôtel de ville, les hôpitaux, les musées ou les feux de circulations », nous disait *Le Figaro*. Panique à bord !

La lumière n'est plus.

Où trouver les bougies qui, pendant des siècles, ont permis à l'homme de se repérer dans la nuit ? Il est perdu, il ne retrouve même plus ses marques au sein de sa propre maison.

La lumière n'est plus.

Dans l'obscurité désormais menaçante, il faudrait se raccrocher à quelque chose… mais l'homme ne tient que par ses valeurs, or il semble qu'il les ait perdues.

Les écrans des télévisions et ordinateurs s'éteignent.

Tout se fige.

Comment réguler alors les trafics aérien, routier et ferroviaire ? Comment maintenir l'activité des administrations, des hôpitaux, des écoles ? Comment commander les armées, les forces de police ?

Et comment, avec quelles alarmes, protéger maisons et commerces de l'assaut des pillards ? Il suffit de quelques dizaines de minutes, en effet, pour que l'individu perde ses moyens et que la foule devienne horde.

Qu'une panne électrique affecte une ville comme Détroit ou 50 millions de personnes comme en Argentine et en Uruguay en 2019, et toute une population est renvoyée à un état « originel » qu'elle ne sait plus maîtriser.

Six heures plus tard à Détroit, douze heures plus tard en Argentine et en Uruguay, la lumière revint. Un jour elle ne reviendra plus…

Que restera-t-il de notre monde et de l'humanité ?

Un enclos désormais soumis aux dures lois de la nature dans lequel l'homme cherchera à rassembler, à tâtons, le peu d'éléments de survie qu'il maîtrise encore. Ainsi notre monde est-il aujourd'hui le fragile prisonnier de la technologie triomphante.

Sa lumière n'est donc qu'une illusion.

Elle est le fruit de la technologie livrée à elle-même.

Elle fait oublier aux hommes que dans nos sociétés et jusqu'en chacun d'entre nous, la face obscure gagne du terrain. En chacun de nous, l'artifice remplace les plus hautes valeurs de l'humanité.

Le spectacle, le simulacre, le virtuel et le mensonge ne cessent d'affaiblir le monde réel et surtout, surtout… l'échange authentique entre les êtres, les valeurs de fraternité et d'entraide.

Je repense, ici, au film de Christian-Jaque, *Si tous les gars du monde*, dans lequel, en 1956, une chaîne humaine de radioamateurs vient au secours d'un chalutier en difficulté et sauve son équipage. Chercher et établir le contact, se faire comprendre, échouer, ne pas renoncer : du temps, de la patience, de la volonté, l'effort tendu vers une cause désintéressée, sublime.

C'était cela l'objet de la communication en 1956.

Sans téléphone mobile, péniblement et donc sans parole inutile mais avec un réel objectif.

Aujourd'hui, si les distances entre les hommes diminuent, « le désert croît », pour reprendre le verdict de Nietzsche.

Pourtant, quelques heureuses « plaques sombres » subsistent : les campagnes, les montagnes, les forêts qu'épargnent ces halos de lumière artificielle. Elles demeurent préservées, et sans doute est-ce cette mise à l'écart par la modernité qui maintient leur vigilance et leur farouche volonté de survivre malgré une disparition programmée.

Leurs habitants sont « les oubliés » comme les chante si bien Gauvain Sers, un jeune homme qui a sans doute oublié d'oublier la terre de ses ancêtres, oublié d'oublier de rendre visite à sa grand-mère, oublié d'oublier de remercier son instituteur.

Ce jeune garçon est une étincelle de la lumière de nos cœurs qui ne s'éteint jamais. La flamme de l'espoir, du désir d'agir au sens de Spinoza, que même dans les temps les plus sombres de notre histoire, nous avons su préserver et animer par nos valeurs et notre génie à la française.

Cette lumière vacillante et véritable que nous avons su faire croître au milieu des ténèbres jusqu'à les vaincre. Nous en sommes comptables. C'est notre force.

Notre pays la possède-t-elle toujours ? Si ce n'est plus le cas, il se doit de la retrouver, cher compatriote.

Fraternelle amitié,
J. L.

UNE RICHE DOTATION GÂCHÉE

Lourdios-Ichère

Cher compatriote,

Vous me dites que vous doutez souvent de l'homme comme vous doutez de votre pays. Ce soir, j'ai envie de vous en parler.

L'homme ?

La nature l'avait richement doté en lui attribuant l'intelligence des hommes. Elle lui permit de découvrir langage et écriture. Au fil des siècles, il a su faire humanité et même civilisation. La France, au travers de ses guerres et batailles perdues ou gagnées, par le concours de si grands esprits et par son génie créateur, a largement apporté sa contribution.

Il y eut d'abord un ensemble d'us et coutumes non écrits puis de textes, de traités, de codes, de règlements, de lois, de constitutions.

L'humanité n'est-elle pas un long, très long creuset de la civilisation ?

Peu à peu l'homme, prenant conscience de son intelligence, de sa faculté à accepter et partager des règles communes, a apporté dans l'enthousiasme d'autres usages. Chaque parcelle de cette histoire a enseigné à chacun le respect de l'autre avant de lui faire comprendre que ce dernier était son égal.

Oui, durant tant de siècles, notre pays a contribué à ce lent processus par ses fulgurances, le formidable apport d'une langue, certes complexe, mais porteuse d'esthétique, de beauté, de fantaisie et surtout d'indépendance d'esprit et de liberté.

Le peuple français a été le premier à se déclarer souverain. Transcendées par ce nouvel élan de souveraineté populaire, ses élites le théorisèrent, en dépit de tant de contradictions et de sanglantes querelles intestines. Elles le hissèrent à un niveau inégalé dans la Déclaration des droits de l'homme et du citoyen. L'homme retrouvait l'Homme.

Il est une mission qui depuis longtemps déjà nous occupe et nous transcende : donner et conserver à chacun, à chaque citoyen, sa grandeur, sa dignité d'homme. À hauteur d'homme. Cela reste et restera encore longtemps l'âpre et impérieux combat de chacun de nos jours et de chacune de nos nuits.

Le chemin et la destination sont bien là.

Ces irrésistibles inspirations, auxquelles s'ajoutent tant de recherches et de découvertes, d'inventions, d'une production artistique hors du commun dans les lettres, la musique, le théâtre et le cinéma, ont conféré à notre pays sa dimension universaliste.

Cette dimension est reconnue par tant d'autres, bien au-delà des mers, des océans et des montagnes, de l'Arctique à l'Antarctique. Inspirée par un peuple composite, qui très vite et par la force des choses acquit l'art de l'intégration, ou par les guides hors du commun qu'elle sut se donner, la France tutoya parfois le sublime.

Perdue, mal inspirée par son intelligentsia, elle fut aussi capable du pire, de l'indicible, de viles lâchetés et de funestes trahisons. Mais sa capacité de résilience, son goût immodéré de la résistance à toute forme d'injustice, lui permirent de rester, en dépit de tout, une lueur bienveillante dans la nuit.

De tout cela nous sommes comptables.

Une situation géographique hors du commun : son territoire, le troisième d'Europe, est placé sur une latitude idéale. Bordée de mers et d'océans, la France détient une position unique. Coiffée d'irrésistibles montagnes et vivifiée par des fleuves qui, tantôt impétueux tantôt reposants, trouvent pour la plupart sources et estuaires en son sein. Des forêts majestueuses, un bassin parisien, aquitain ou rhodanien, juste là où il les fallait...

La France est au carrefour de tous les espaces terrestres, de toutes les voies maritimes et maintenant aériennes. Tout y pousse, tout peut y être transformé, la quasi-totalité des productions y est possible.

La France est un monde.

La France est une histoire.

Le voyageur qui prend la route depuis Biarritz pour se rendre à Strasbourg quittera une région associant somptueusement montagne et océan. Une montagne qui a vu l'arrière-garde de Charlemagne affronter Basques et Sarrasins. Charlemagne, roi des Francs, roi des Lombards, « père de l'Europe ».

Il foulera les terres ondulées et blondes du Gers, celles de Charles de Batz de Castelmore, dit d'Artagnan, pauvre mais mousquetaire à qui, dès le plus jeune âge, on a inculqué quelques valeurs : « N'être jamais lâche, l'honneur d'un homme de guerre est le plus important. »

Quelques jours de marche encore – puisque l'homme n'est jamais plus lui-même que lorsqu'il marche – et ce sera le verdoyant Périgord. Sarlat, la maison de La Boétie. Celui qui ose, en 1548, dans *Le Discours de la servitude volontaire*, remettre en cause la légitimité des gouvernants, ces « maîtres » ou « tyrans ». La Boétie, gilet jaune ?

Plus loin, c'est la Corrèze, terre de résistance. Tulle et les 99 otages pendus, le 9 juin 1944, par la division « Das Reich ».

Il y aura le Massif central et ses volcans, Vercingétorix et la Gaule farouche, rebelle.

Puis au cœur des pâtures du Charolais, la cité du Sacré-Cœur à Paray-le-Monial à laquelle la Révolution avait rageusement ôté « le Monial » dans un réflexe laïc exaspéré.

Ensuite ce sera la riche Bourgogne des ducs et d'un de leurs vassaux, le comte de Ligny, qui firent prisonnière Jeanne d'Arc... Douce France aux caractères bien trempés !

Et enfin, la superbe Alsace et ses allers-retours franco-germaniques qui n'ont jamais pu briser son éclatante beauté ni la force et le courage de ses habitants.

Oui, les Français sont nés de ces beautés.

Ils sont les héritiers de ces hommes et de ces femmes qui toujours étaient portés par la grandeur de leur pays et qui, jamais, n'ont baissé les bras.

Oui, les Français sont nés de ces événements violents ou subtils qui ont fait la France.

Oui, la France a grandement contribué à l'avancée de notre civilisation et, pourtant, nous Français, perdons, une fois encore, le fil de notre histoire.

Ne pensez-vous pas, cher compatriote, que non préparés à un brutal changement de monde, nous perdons nos repères ? À l'image de l'humanité, nous redégringolons de notre piédestal pour retrouver à grands pas, irrésistiblement, tragiquement, l'animalité.

Fraternelle amitié,
J. L.

UN TOTALITARISME MOU

Paris

Cher compatriote,

Vous continuez à me parler de votre attachement inconditionnel à notre démocratie. J'admire votre constance. Je ne peux m'empêcher de nuancer ce propos. Si je lui reste plus que jamais très attaché, je ressens combien celle-ci pourrait et mériterait d'être grandie. Je fais partie de ceux qui ont cette soif d'excellence, d'absolu.

L'homme vient de l'animalité. Il a connu si longtemps, tels les fauves, la loi du plus fort, du « je te déchire, je te dépèce, je te mange parce que je suis plus fort que toi », qu'il apparaît de nouveau impuissant à dompter la vraie nature qui l'habite. Hobbes écrivait « l'homme est un loup pour l'homme ». Mais les grands fauves se mangent-ils réellement entre eux ?

Un pas décisif fut pourtant franchi il y a une génération avec la chute du mur de Berlin. Des deux blocs qui s'opposaient, un seul a subsisté, celui du monde réputé libre. Il était un modèle; en quelques mois seulement il est devenu système. Européanisé d'abord, mondialisé puis globalisé enfin, libérant une finance folle et vile alors tenue en laisse. Elle s'est une fois de plus livrée à quelques mains expertes dont l'unique objectif est l'enrichissement individuel et qui perpètre à nouveau barbarie, duplicité, désordre et crimes contre l'humanité.

Un autre pas prometteur fut réalisé avec l'apparition des réseaux sociaux. Ils constituent le plus grand faisceau d'informations et d'échanges à l'échelle planétaire dont le monde ait jamais disposé. On aurait pu s'en féliciter : enfin, les moyens étaient donnés à l'homme de fraterniser, y compris avec le plus éloigné de ses congénères. Ce devait être pour le meilleur… Il se trouve qu'il est plus facile de fraterniser avec un inconnu d'Honolulu qu'avec sa voisine de palier dans l'antichambre de la mort. Ange et démon, les réseaux sociaux suscitent soudainement en chacun de nous l'illusion de liberté, le sentiment d'être affranchi, la capacité à exister. Ils s'emparent de nous sans solliciter notre avis et nous suivons, d'autant plus rassurés que ce formidable renouveau s'offre à nous a priori sans risques ni coûts supplémentaires.

Nous nous croyons enfin libérés. Plus de codes ni de bandes organisées pour nous manipuler. Nous leur confions tout, sans réserve, sans limite, sans vergogne, sans retenue. Le commun des mortels, subjugué, se donne, perdant ainsi souvent ce qui fait de lui un homme : la part essentielle de l'intimité et la bienveillance vis-à-vis de l'autre.

Les élites disposent, quant à elles, des informations et des preuves qu'il ne s'agit là que d'une boîte de Pandore. Il faut éviter à tout prix de lever le couvercle sans avoir pris les précautions qui s'imposent. Ne pas susciter le désir sans donner les moyens, au risque d'enfermer l'infini dans un espace fini.

La notion d'économie européenne puis mondialisée s'impose et les nations sont alors de trop. L'économie globalisée s'installe tandis que le système censé la conduire appose sa chape de plomb. Machinalement ou par peur d'affronter la réalité d'une démocratie qui nous échappe, les ombres au pouvoir estimèrent que, pour atténuer auprès de l'homme le caractère effrayant du tout nouveau monde, mieux valait adopter une terminologie nébuleuse : la *globalisation*. Elle a comme seul objectif d'accréditer l'idée de l'univers globalisé sans aspérité, donc forcément libre et sans danger. Une fois de plus, comme à la veille des heures sombres de notre histoire, tel Ponce Pilate, ce qui restait d'humanité chez les prétendus décideurs laissa faire.

Qui sont-elles ces « ombres au pouvoir » ? Qui tire les ficelles de cet univers globalisé ? Oui, qui sont-ils, ces hommes ?

Ressemblent-ils à Mère Teresa, à l'abbé Pierre ou à Nelson Mandela qui n'avaient d'autres armes que la pauvreté, l'abnégation et le don de soi ?

On peut en douter… sinon pourquoi les GAFA (Google, Apple, Facebook, Amazon) financiarisés imposeraient-ils leur loi à la planète entière ?

Pourquoi dollar et spéculation seraient-ils rois du monde ?

Et qui sont-ils, nos soi-disant décideurs ?

Ressemblent-ils à Louis XI, « Universelle Aragne », peut-être, mais unificateur infatigable ? Ressemblent-ils à Churchill ou à de Gaulle, hommes intègres et rassembleurs, combattants courageux, résistants teigneux ?

On peut en douter… sinon pourquoi baisseraient-ils la tête et les bras devant cet univers inhumain qui s'impose à eux ?

Par effet domino, manque de discernement ou lâcheté, notre pouvoir politique d'abord, notre haute administration, notre banque et nos médias ensuite se voient contraints de refaire oligarchie. Ils en sont à la fois les acteurs irresponsables et les impérieux obligés.

Un pouvoir politique obsédé par le court terme, par les sondages, les élections, contraint de légiférer à longueur d'année sur des problèmes sociétaux sur lesquels il croit avoir encore la mainmise. Une haute administration à l'abri et aux ordres... des médias sous contrôle et terrorisés.

Il semblerait bien qu'aujourd'hui, on devrait, comme à d'Artagnan, enseigner les vertus du courage.

Une terrible et profonde crise politique accable notre pays, suscitant le repli sur soi et générant une profonde angoisse qui distend jour après jour nos liens sociaux jusqu'à l'intime. Nous peinons à intégrer nos jeunes pourtant pleins d'enthousiasme. Nous désignons déjà nos aînés aux tempes blanches comme responsables d'une bonne partie de nos soucis financiers.

Nous sommes tous soumis à un totalitarisme mou d'un genre inédit, qui n'a rien à voir avec le « totalitarisme doux » de Tocqueville. Il s'est insidieusement instauré au cours des trente dernières années. Impossible de le cerner. Pas de visage, pas d'armée, ni grandes oriflammes, ni voix nasillardes à nos frontières. Il s'insinue pourtant chaque jour dans nos vies. Il en détruit l'essence jusqu'à la lie. Il nous a vaincus. Nous sommes en état d'occupation. Il a pris la place de ce qui fut quelques décennies durant un modèle à l'égal de celui d'Athènes. Athènes qui ne dura pas... elle non plus.

La France est au bord de la guerre civile. Comme tant d'autres. À moins qu'elle ne soit aux portes d'un phénomène inédit : son abîme dans la terrifiante déflagration du monde globalisé.

La démocratie s'est égarée. Et nous, cher compatriote, représentants de la Nation, nous ne constituons plus qu'un théâtre d'ombres. La haute administration a retrouvé, à quelques exceptions près, la place qui est la sienne en pareille circonstance : celle d'une courroie de transmission des puissants vers les puissants.

La quasi-totalité des médias nationaux aux mains des nouveaux maîtres de la globalisation a renoncé à informer de manière compréhensible et objective.

Nous sommes impuissants face à leur diktat.

Plus d'idées !

Plus de débat !

Plus de vision !

Plus de projection !

Plus d'espoir !

Plus de futur !

Fraternelle amitié,
J. L.

CONSCIENCE DES PEUPLES

Paris

Cher compatriote,

Vous me dites que j'ai certainement raison, mais que cela ne sert à rien. Que c'est peine perdue et qu'après tout, Paris en a marre de tout ce tintamarre. Puis-je vous rappeler que c'est vous qui m'avez tant et tant de fois répété que Paris n'avait jamais manqué une occasion de se faire entendre lorsque c'était nécessaire ?

Tout comme la vôtre, ma fibre rebelle est inscrite au cœur de ma vie. Elle m'anime depuis mon plus jeune âge.

Je suis issu d'une famille de bergers. Je l'ai été moi-même. On est berger de père en fils comme on est marin de père en fils. Mon frère exerce toujours la profession, et une grande part de moi-même reste habitée par cet univers.

J'ai déjà écrit beaucoup de choses sur mon enfance, ma famille et mon parcours antérieur. Je ne vais pas en redire plus que ce que l'homme que je suis devenu en retient d'essentiel.

Des paysages partout grandioses, à vous couper le souffle, la solitude et le silence qui façonnent ce rapport si intense à la nature, quasi charnel entre l'homme et la terre. Loin du tumulte, ces espaces invitent à la méditation et à la réflexion. La tradition dit que marins et bergers possèdent le don de sentir avant les autres le changement qui va survenir.

Le marin vogue intérieurement, joyeux à midi sous un soleil de plomb et sur une mer d'huile. Soudain, il perçoit un frémissement... alors, il sait que son monde va bientôt changer.

Le berger, lui, évolue à la même heure en son univers de calcaire et d'herbe rase quelque part entre ciel et terre. Lui aussi est habité par le même sentiment de bonheur que seule procure une forme de liberté sans limite. L'immersion permanente dans cet univers et dans ce qu'il est resté depuis des millénaires permet de sonder l'inconnu et d'anticiper la menace. Dans la Grèce antique, Théocrite confie aux bergers – qu'il jugeait sans doute parties du ciel et de la terre et atomes de la nature – le droit de lire dans les oscillations d'un crible pendu à un fil afin d'y décrypter l'avenir, l'inconnu.

Ainsi, marins et bergers perçoivent le frisson du vent qui tourne. Ils décèlent le signal envoyé par Dieu, les dieux ou la nature, annonçant la tempête imminente, celle qui emportera le pêcheur dans sa frêle embarcation et foudroiera le berger et son troupeau. Il n'y a rien d'irrationnel ni de mystique là-dedans, simplement l'opportunité de rester perpétuellement en prise avec ce qui vous entoure.

Mon père était fasciné par l'Antiquité, dont il se faisait une idée reposant autant sur le mythe que sur ses connaissances livresques. Il était convaincu que, bien avant de s'occuper des bêtes, le berger avait été un veilleur d'hommes. Un capteur calme et lucide des signaux faibles et des informations que livrent le vent, le soleil et la pluie sur les changements du temps ou du sort. Il était convaincu que ces derniers ne frappent jamais sans avertir. Le rôle du berger était de s'y préparer lui-même et de prendre la route pour en avertir les autres. Il ne peut s'agir là que d'une perception liée à la relation fusionnelle avec son univers. Il en est de même pour la mère de famille qui ressent les oscillations intérieures de son enfant.

J'ai toujours été habité par la confiance que procure une petite part de cet héritage.

De mon enfance, je retiens que rien ne remplace l'amour. J'en ai tant reçu ! Les mille attentions douces, les mille tapes sur l'épaule, les mille conseils d'un « grand » que j'admirais, m'ont appris convivialité et respect. Je retiens l'importance de l'échange et de la discussion, aussi passionnée soit-elle. Le hasard me plaça entre les mains bienveillantes d'une famille dont une bonne moitié se réclamait du gaullisme et l'autre du communisme.

Mon adolescence dans cet univers uni et solidaire, modelé par l'âpreté des lieux et du temps comme par les codes de vie des communautés montagnardes, m'a convaincu comme tant d'autres avant moi qu'il existait une conscience des peuples.

Chacun d'entre nous en est une composante. Tour à tour capteur, émetteur, récepteur et maillon.

Cette conscience… elle est éternelle et sa voix jamais ne se tait. Elle est née de l'humanité. Elle a affronté les siècles, les millénaires pour, aujourd'hui encore, murmurer les mêmes mots.

Elle aspire à la vie, à l'équité, à la justice, à la liberté et à la fraternité. Elle exprime la peur de la contrainte et de la violence. Elle n'omet pas non plus à certains moments l'ambivalence de ses sentiments.

J'ai eu la sensation d'en faire partie très tôt. Elle m'a appris à faire face, continuer à espérer en ce que l'on croit juste. C'est le prix à payer ensemble pour que bien et justice finissent toujours par triompher.

Ainsi, c'est de la conscience des peuples et de rien d'autre que naît toute résistance. Si l'ambition, la haine ou la méconnaissance de l'autre peuvent pousser à l'agression ou à la guerre de conquête, c'est de la seule conscience d'un peuple que naîtra toujours l'esprit de résistance.

J'en ai retenu que l'homme ne supportera en aucun cas trop longtemps la domination d'où qu'elle vienne. Il s'organisera pour lui résister avant de la vaincre, afin de retrouver ce qui à ses yeux est justice. Une victoire éternellement provisoire, une victoire à la Sisyphe, mais c'est de ce combat sans cesse renouvelé que sort le meilleur de chacun de nous. Nulle victoire éclatante, nul progrès décisif pour l'homme, nulle constitution ne fonderont à tout jamais notre bonheur. Ce bonheur peut se prolonger par l'arrivée tardive du printemps radieux, des premiers émois et des premiers amours. Il peut se poursuivre avec l'été et ses moissons, des amours mûries, des premiers enfants qui grandissent déjà sous le beau soleil. Il se perpétuera encore le temps d'un automne magnifique et des dernières vendanges avant de sombrer à nouveau dans l'hiver.

Oui, le bonheur existe. Il est fugace. L'humanité reste avant tout tragique. C'est peut-être ce qui la rend si belle et exigeante.

La conscience des peuples, même abattue par le malheur, se transforme de nouveau dès qu'elle a des perspectives. Elle retrouve prise sur son devenir.

Le peuple américain n'a-t-il pas suivi comme un seul homme le président Kennedy après son discours sur la conquête de l'espace? « Nous avons choisi d'aller sur la Lune. Nous avons choisi d'aller sur la Lune au cours de cette décennie et d'accomplir d'autres choses encore, non pas parce que c'est facile, mais justement parce que c'est difficile.

Parce que cet objectif servira à organiser et à offrir le meilleur de notre énergie et de notre savoir-faire, parce que c'est le défi que nous sommes prêts à relever, celui que nous refusons de remettre à plus tard, celui que nous avons la ferme intention de remporter, tout comme les autres. »

Ne nous sentons-nous pas vivants lorsque nous nous sommes fixé un objectif pour notre journée ou même le mois prochain et quand nous avons des idées ou des moyens pour l'atteindre?

La conscience des peuples comprit instantanément que John Fitzgerald Kennedy nous avait évité la Troisième Guerre mondiale. Il venait d'ouvrir un paradigme nouveau, la perspective d'un futur ouvert à tous.

Cher compatriote, à Paris, en province, à Washington comme à Moscou, le sort de l'homme peut changer lorsque la conscience des peuples s'éveille.

Fraternelle amitié,
J. L.

INSTITUTIONS REPRÉSENTATIVES EN CRISE

MAIRES SACRIFIÉS

Lourdios-Ichère

Cher compatriote,

Vous me demandez si nos maires ont le même sentiment que vous. Se sentent-ils aujourd'hui isolés, privés de voix, de capacité à agir ? Parlons donc de ces plus de 35 000 sentinelles courageuses et engagées. Flanqués de leurs 500 000 conseillers municipaux, tous élus au suffrage universel, ils constituent une formidable armée de paix veillant sur l'ensemble de notre grand pays. Je me sens apte à vous répondre, puisque j'ai été l'un d'entre eux pendant une grande partie de ma vie.

Pour moi, la vocation est un don de Dieu – ou des dieux ou de la nature, si vous préférez, je vous sais très attaché à la laïcité. Je le suis aussi. Une vocation c'est l'exigence et l'intransigeance perpétuelle. Celui qui ne la satisfait pas en ressentira, sa vie durant, une sourde amertume.

J'ai eu très tôt le goût de la lecture et presque en même temps celui de la chose publique. La solennité, l'élégance et la profondeur du discours d'un député, procédant autrefois à l'inauguration de notre église, m'avaient touché au cœur; si bien qu'à dix ans, j'ai voulu devenir député.

Dès l'âge de six ou sept ans j'ai eu envie d'être plus tard maire de mon village; un maire dont, à l'époque, le dévouement comme le savoir-faire me fascinaient.

Ce rêve d'enfant ne tarda d'ailleurs pas à se réaliser, puisqu'à vingt et un ans je devenais l'un des deux plus jeunes maires de France. J'embrassai cette nouvelle fonction avec une équipe qui est devenue une deuxième famille, au sein de laquelle, à l'image de la mienne, personne ne renonçait à ses convictions intimes. Une famille qui conservait toujours ce formidable sentiment de fraternité partagée. Nous savions que le porteur d'idée est digne de respect. Je rappelle ici, que ce principe est écrit dans la Déclaration universelle des droits de l'homme de 1948 : « Tout individu a droit à la liberté d'opinion et d'expression, ce qui implique le droit de ne pas être inquiété pour ses opinions et celui de chercher, de recevoir et de répandre, sans considération de frontières, les informations et les idées par quelque moyen d'expression que ce soit. »

J'ai donc eu le privilège d'être élu très jeune. Puis réélu. J'ai eu la chance d'assumer la responsabilité de la plupart des mandats territoriaux.

J'ai retenu que le plus exigeant d'entre eux, et de très loin, celui qui demande le plus d'aptitudes et la force d'un engagement humain supérieur, c'est celui de maire. Être maire, c'est ressentir la morsure du chien qui s'en prend par derrière à votre cheville ou à votre mollet. Elle vous permet de ne jamais perdre de vue la réalité de votre mission. Cette dernière est avant tout écoute, vigilance bienveillante, enthousiasme communicatif. Un maire finit par ressembler à sa commune.

À ses dix-huit ans, mon frère Julien reprit l'exploitation familiale à la tête de laquelle j'avais assuré un intérim suite à l'accident de mon père. J'étais alors jeune maire. Je compris qu'il me fallait exercer une profession qui m'assurerait la maîtrise de l'agenda, car pour se donner efficacement à des missions d'élu politique, il faut préserver ce pouvoir. Puisqu'il n'a jamais été possible de donner un statut à l'élu, la gestion de son emploi du temps est une lourde tâche si l'on dépend d'un « patron ».

Le trouble peut très vite s'installer chez lui ou les autres salariés qui ont le sentiment de faire votre travail lorsque vous êtes absent et que votre engagement ne les concerne nullement.

Dans tous les cas, l'absence pour l'un et le manque de disponibilité pour l'autre restent un handicap.

Je commençais alors à travailler comme ingénieur-conseil. Je n'étais ni ingénieur, ni « conseil » et c'est pourtant l'intitulé de la seule profession libérale qu'il m'était donné d'épouser sans diplôme préalable. J'avais eu la chance de faire la connaissance puis de fraterniser avec un homme hors du commun. Cet ingénieur spécialisé dans l'étude et la réalisation de gros chantiers en matière d'hydraulique et d'acheminement des sources d'énergie m'apprit beaucoup en très peu de temps.

J'ai vécu passionnément cette expérience d'abord seul, puis à deux, enfin à dix. J'étais convaincu, et je le reste, que l'on ne peut faire de politique si l'on ne se donne pas les moyens de son indépendance financière. Je l'ai acquise très progressivement. La responsabilité concomitante de chef d'entreprise et d'élu local est source d'une réflexion permanente.

Remplir une mission, atteindre un objectif, développer, anticiper, vouloir, affronter, ne jamais renoncer, tout en recueillant l'adhésion de ceux qui sont à vos côtés et en veillant soigneusement sur eux... Voilà le quotidien d'un chef d'entreprise, voilà le quotidien d'un maire, son sacerdoce.

J'ai donc mené ces deux fonctions de front parce que l'une d'elles me rendait libre et capable d'accomplir l'autre.

Je n'ai interrompu cette activité d'ingénieur-conseil que trente ans plus tard, lorsque j'ai eu conscience que le monde changeant, elle m'aliénerait.

Ces expériences m'ont convaincu que le monde avait réellement changé. Ce qui était possible il y a vingt ans encore, à condition d'y consacrer le temps et le sérieux nécessaire, ne l'est plus aujourd'hui.

J'ai connu à cette époque le respect de l'élu, en particulier du maire et des fonctionnaires publics dans leur ensemble. Le peuple était reconnu dans sa souveraineté. Il votait massivement. Ses représentants élus bénéficiaient de la même reconnaissance. Les maires disposaient encore d'une réelle capacité d'action : construction de routes, adduction d'eau potable, téléphone, télé, portable...

L'administration et les pouvoirs publics, aussi bien à leur place que dans leur peau, donnaient également le meilleur d'eux-mêmes. Ils préparaient nos délibérations et recherchaient nos financements.

Une foule de bénévoles s'accomplissait, soit dans une démarche solitaire, soit au sein d'une multitude d'associations au service de tous. Les fêtes fréquentes entraînaient nos populations dans des communions baignées de joie si propice à l'avènement de projets et de réalisations collectives.

Ce n'était pas un monde idéal et il arrivait que l'on se porte des coups très rudes, que des amitiés se défassent, que des groupes explosent. C'est le fardeau dont une communauté ne peut se défaire. C'est la vie. Mais l'État et le conseil général accompagnaient les communes. Il y avait de l'argent dans l'espace public, et si ce dernier ne fait pas tout, j'ai quand même eu le sentiment de connaître le bonheur de vivre dans une société soudée. L'action cumulée des communes, du conseil départemental et de l'État constituait, il y a peu de temps encore, 70 % de l'investissement réalisé dans notre pays.

Soudain, tout cela s'est effacé. Qu'a-t-il bien pu se produire pour en arriver là ? Est-ce l'entrée en scène, sur la pointe des pieds mais décisive, du risque zéro et du principe de précaution ? Est-ce l'apparition de prescriptions écologiques inadaptées parce qu'aveugles et sourdes aux aspirations de vie de ceux qui ont aimé leur campagne au point d'avoir choisi d'y vivre ? Est-ce la peur prenant un peu partout la place de l'engagement ?

La quasi-disparition de tout moyen public a radicalement changé la donne.

L'élu, au terme de décisions ineptes prises par les gouvernements successifs, s'est éloigné du terrain et de l'homme. Le citoyen se sent abandonné par lui, par les pouvoirs publics, par son pays.

L'administration de proximité, jadis organisée et s'appuyant sur les effectifs nécessaires, était ingénieuse, facilitatrice et bienveillante. Elle est aujourd'hui réduite aux acquêts, saignée à blanc. Elle n'est plus que contrôle aveugle et interdiction. Les rôles des uns et des autres, différents et pourtant toujours complémentaires, sont devenus kafkaïens. Ce n'est pas pour cela qu'ils s'étaient engagés.

Lorsque l'incompréhension, la mauvaise foi, la bêtise, venus d'en haut, et la jalousie s'imposaient à mes yeux de manière irresponsable, j'ai entrepris des actions sans précédent en démissionnant par deux fois de tous mes mandats. J'affrontais ensuite les situations qu'elles généraient afin de résoudre des problèmes a priori sans issue. J'ai toujours été habité par le sentiment que pour faire aboutir une idée ou un projet, il fallait d'abord aller au bout des discussions et des négociations.

Si ces dernières n'aboutissaient pas, alors il fallait poser un acte susceptible de rebattre les cartes, de remobiliser les acteurs et d'interpeller l'opinion.

Toujours conscient que le combat que je menais localement avait une importance capitale, j'étais convaincu que le même problème se posait en diverses parties du territoire français.

Je me suis donc toujours efforcé de lier un combat singulier local à un combat beaucoup plus large susceptible d'intéresser et de questionner notre pays tout entier. Comme on le dit souvent de nos jours en langage technocratique, « du local au global ».

Oui, cher compatriote, les maires et élus territoriaux avaient déjà perdu beaucoup de leur pouvoir. Ils ne savaient pas encore que leur sort allait empirer au point de mettre leur existence en cause.

Aussi, après tant d'années où j'ai vu régresser la capacité d'action de l'élu local, il m'a semblé nécessaire d'aller à Paris, là où ces malencontreuses orientations étaient décidées. Je pensais encore qu'en tant que député, côtoyant de plus près les arcanes du pouvoir, fort de mon expérience de terrain, il me serait possible de faire bouger les lignes. Je saisis l'opportunité de me présenter aux législatives de 2002.

Fraternelle amitié,
J. L.

UNE CHAMBRE D'ENREGISTREMENT

Paris

Cher compatriote,

Le rôle actuel des députés? Leur pouvoir réel? Cher ami, vous avez bien des questions qui fâchent!

En même temps, vous mettez le doigt sur l'un de nos problèmes politiques majeurs. Nous, députés, devrions rester dignes de la confiance dont le peuple nous a investis pour le représenter à l'Assemblée nationale. J'entends par « dignes », rester en capacité de porter la voix du peuple sans contrainte ni contradiction.

Dans leur immense majorité, les élus sont des femmes et des hommes dévoués et de bonne volonté. Ils sont disponibles tous les jours pour leurs concitoyens et leurs administrés. À l'Assemblée nationale comme sur leur territoire, parfois à travers l'ensemble du pays, ils accomplissent un travail remarquable souvent méconnu. Il ne s'agit pas dans mon esprit de nous réhabiliter à n'importe quel prix. Comme dans tout groupe humain, et de tout temps, quelques-uns ont défailli. Ils ont alors porté le discrédit sur le rôle et l'action de tous.

L'immense majorité des députés arrivant pour la première fois à l'Assemblée nationale est transportée d'une joie indicible. Ils sont sur un nuage. Le premier jour de session les envahit d'une émotion difficilement contenue.

Je fus surpris de constater que je ne ressentais rien de tel. Bien sûr, à l'annonce de mon élection, j'avais été emporté par un cri de joie sauvage remontant du fond de mes entrailles. Déjà, quelques heures après, durant la très longue soirée en présence de ma famille, devant des centaines d'amis et d'électeurs accourus de toutes parts dans un formidable élan de joie, je ressentais un vague sentiment de tristesse. Je pensais à mon adversaire malheureux. Je me mettais à sa place, il n'avait pas démérité.

Comme toujours, après mon accession à une responsabilité nouvelle, les questions me taraudaient tout au long de la nuit. Serais-je capable d'assumer l'immense confiance dont le peuple m'avait gratifié ? Aurais-je les ressources et les moyens d'assumer mes engagements ? Garderais-je la baraka ? Serais-je à même de parler avec des mots justes de mon territoire dans la mythique maison du peuple ? Serais-je en capacité d'apporter quelque chose à mon pays ?

Comme à chaque fois où j'endossais une responsabilité nouvelle, l'enthousiasme revenait dès l'aube et ne me quittait plus. Encore une fois, héritier de générations de bergers, j'ai toujours eu la chance de vivre problèmes et crises à venir par anticipation.

Je me faisais, et continue à me faire, une très haute idée de ma nouvelle fonction. Quelques mots dont certains issus de la Constituante résonnaient dans mon esprit : « Le député est élu au suffrage universel par le peuple souverain dans sa diversité », « Il représente le peuple », « Il incarne une parcelle de la nation ».

Ce premier mandat me combla sur ma capacité à réfléchir et à prendre la parole sous toutes ses formes. Élu du MoDem, je siégeais alors dans un groupe de trente députés qui se transforma rapidement en grande famille. François Bayrou en était l'inspirateur, Hervé Morin le président. C'est mon meilleur souvenir de travail parlementaire. J'appartenais à un groupe où la construction d'une ligne se faisait par le débat et l'expression de nos différences dans une ambiance conviviale. Cependant je me rendis très vite compte que notre capacité à peser sur les orientations politiques de l'époque était très limitée; malgré notre travail et la présence de François Bayrou, alors dans le gotha politique.

Jacques Chirac venait d'être très largement réélu face à Jean-Marie Le Pen, ainsi qu'une majorité RPR pléthorique. Le temps était à la transcription en droit français de directives européennes. Je m'attendais à des débats passionnés sur la légitimité d'un Parlement européen, encore évanescent, face à la force du droit français. La France n'était-elle pas fille aînée de l'Europe?

J'attendais également des débats très animés sur le chatouilleux problème de la souveraineté nationale.

Quelle ne fut pas ma stupéfaction quand je constatai que tous ces textes étaient traduits en droit français sans l'ombre d'une discussion! Le principe de l'ordonnance présidentielle faisait obligation au Premier ministre de les faire voter sans le moindre débat! Il suffisait qu'il annonçât le titre de la directive et cette dernière était immédiatement adoptée.

Il est vrai que depuis le début des années 1980 toutes les sensibilités jusqu'alors représentatives s'étaient succédé au pouvoir. Nous sortions aussi de trois périodes de cohabitation.

Ainsi tout était voté.

Même les délicates décisions financières, liées à la mise en place de l'euro et du pacte de stabilité économique, ne posèrent aucun problème. Le marché, avec ses lois et ses règles, s'installait en maître absolu.

La disparition systématique des services publics se banalisait.

La politique sociale fléchissait chaque jour un peu plus.

Quant aux transcriptions du droit écologique, c'était « opération portes ouvertes ». Les mêmes règles s'imposaient de Lisbonne à Copenhague, sans étude d'impact ni d'opportunité. Dans la directive habitats, on traitait en réalité de l'habitat des animaux sauvages sans dire un mot de ce qu'il allait advenir de celui des hommes.

Les textes se succédaient à cadence régulière, sans qu'on n'en connaisse ni les tenants, ni les aboutissants. Pas de vision globale, pas de perspective d'ensemble, pas de projet. Pas un commentaire à l'Assemblée, pas un mot dans les gazettes et à la télévision, rien. Le peuple français ne pouvait avoir aucune idée de ce qui se votait en matière de construction et d'organisation européenne.

Quand je m'en ouvrais à quelques députés de toutes sensibilités, ceux-ci me répondaient en souriant que j'étais bien un débutant puisqu'il en était ainsi depuis au moins dix bonnes années. Au cours des trois cohabitations, tout avait été ainsi transcrit ; même si François Mitterrand avait bien froncé le sourcil en 1986 lors des privatisations tous azimuts et de l'ouverture toujours plus grande au marché.

La France et les pays européens payent aujourd'hui très cher cette démission.

Cher compatriote, faire entendre sa voix, en tant que député, est devenu une gageure. Le pouvoir politique est passé on ne sait où, en tout cas ailleurs que dans notre Hémicycle. Votre question paraissait rude. Je crains que la réalité ne soit pire encore.

Fraternelle amitié,
J. L.

UN DÉPUTÉ, DES ACTES

Paris

Cher compatriote,

Nous avons parlé l'autre jour du pouvoir du député. Qu'en est-il de ce pouvoir ?

Celui que je défends. Celui d'un représentant du peuple pour faire entendre sa voix au plus haut niveau, faire respecter ce qu'il a promis à ses électeurs, prendre les mesures les plus adaptées à leur réalité.

Ou bien ce pouvoir est-il celui d'un député qui pense changer les règles et le cadre en tenant compte des besoins de la Nation ?

Certainement un peu des deux. C'est cette conception qui m'anime et dont je me fais un devoir.

Vous savez les actions inédites que j'ai choisi d'entreprendre pour défendre la vision que je me fais de notre rôle de représentant de la Nation. Elles sont, je le crois, à l'aune du pouvoir de notre chambre.

Durant mes mandats de député, je me suis levé chaque fois qu'il m'est apparu impossible d'accepter une décision qui mettait à mal ma circonscription et détricotait les fondements du lien social de notre pays. À chaque fois, je l'ai fait après des mois, parfois des années de discussions, de négociations, alors même que mon interlocuteur choisissait de ne plus me répondre.

En 2003, j'ai entonné le *Se Canto* dans l'hémicycle, coupant la parole à Nicolas Sarkozy, alors ministre de l'Intérieur. Je contestais la décision d'arracher une gendarmerie et d'établir un centre de secours loin du tunnel du Somport. Ces derniers constituaient une sécurité essentielle pour le tout nouveau tunnel et la route y conduisant. Dans un nouvel accès suicidaire, l'État portait encore un coup fatal à ce qui restait de nos services publics. Comme je l'ai expliqué dans mon livre *La Parole donnée*, au nom d'un regroupement, l'État délaissait encore son rôle, malgré les drames du Mont-Cenis et du mont Blanc. Cet État qui continue à brandir sur le fronton de nos mairies « Liberté, Égalité, Fraternité », sur l'ensemble du territoire.

Je me suis levé de nouveau lorsque le pétrolier Total décida de ne pas reconvertir le bassin de Lacq. Afin de donner le change à une population inquiète de la fin du pétrole, il entreprit d'y délocaliser quelques-unes des plus belles entreprises de la région. Parmi elles se trouvait l'usine Toyal, jeune et prospère, qui était installée dans ma vallée. Pour m'y opposer j'entrepris une grève de la faim dans la salle des Quatre Colonnes à l'Assemblée nationale.

À cette époque, la France perdit plus de 400 000 entreprises dont une majorité de grande taille par fermeture ou délocalisation !

Là encore, notre pays ne s'en est jamais relevé.

J'ai posé un nouvel acte en 2013, le jour où j'ai eu la conviction que la France commençait à être touchée au cœur dans son unité. Le sentiment de désespoir était tel qu'il nous mettait déjà en situation de confrontation majeure. J'entamais alors un tour de France à pied, de 6000 kilomètres durant neuf mois, pour aller à la rencontre de nos concitoyens.

Je le fis aussi dans une volonté de porter un coup au système qui nous détruit chaque jour un peu plus jusqu'à l'intime, et dans une volonté de poser un acte de résistance. Je voulais m'entretenir avec tous les compatriotes qui le voudraient bien.

C'est alors que je lançai les Cahiers de l'espoir afin de recueillir les intuitions et aspirations de nos compatriotes. Cette initiative, dont j'ai rendu compte par un rapport remis en mars 2014 au président de la République et aux plus hautes instances de l'État, prit malheureusement fin avec ma marche, faute de relais politiques et financiers.

Nous avons continué à en faire vivre l'esprit dans le cadre de la marche citoyenne et du mouvement Résistons ! Un jeune secrétaire général adjoint de l'Élysée allait en faire une tout autre utilisation…

Chacun de mes actes a connu la même logique. Ils ont tous été engagés dans l'indifférence générale et systématiquement qualifiés de « coups médiatiques ». Puis ils ont interpellé les consciences et se sont tous conclus dans un intérêt largement partagé.

Chacune de ces actions, sans aucune goutte de sang versée, a amené à Paris des observateurs, des experts et des journalistes du monde entier.

Cher compatriote, merci de me fournir l'occasion d'expliquer mon attitude et mes actions.

Fraternelle amitié,
J. L.

UNE CAMPAGNE DÉMOCRATIQUE ET PLURALISTE ?

BATTRE LA CAMPAGNE

Paris

Cher compatriote,

Trois ans ont passé depuis cette fameuse campagne présidentielle. Vous me demandez encore aujourd'hui pourquoi et comment j'ai eu le courage de me lancer dans cette arène.

Je vous l'ai dit dans une de mes lettres : la vocation est exigeante et l'heure était d'y répondre même si les risques étaient grands. Je crois que le retour à cette communauté de conscience sauvera l'homme et le citoyen. Je me devais donc de prétendre au poste de celui qui, a priori, est le seul à avoir les moyens de provoquer ce retour.

Lors de mon tour de France, puis de mon périple à travers l'Europe, nous avons créé la « marche citoyenne » avec les amis de toujours auxquels s'étaient joints quelques compagnons de route, représentants des diverses couches de la société et du territoire.

Nous nous réunissions fréquemment en groupe de réflexion ou en séance plénière. Nous analysions les constatations que nous avions pu vérifier sur le terrain.

Parmi ces dernières, il en était une qui se dégageait fortement et laissait entrevoir de profonds désirs de changements. De nombreux Français estimaient que les notions de gauche et de droite ne représentaient plus rien, tant les partis de gouvernement s'étaient entendus, toutes ces années durant, sur les mêmes choix. Aux yeux de l'immense majorité, les deux visions qui animaient la vie politique française depuis le début des Trente glorieuses avaient engendré un seul et unique système : la globalisation spéculative.

Une globalisation qui s'imposait déjà au monde entier.

Les Français paraissaient donc infiniment plus lucides, alors que leurs dirigeants faisaient semblant de croire à la confrontation entre ces deux modèles.

Or, tous ceux qui ont eu la chance de vivre cette époque savent combien le débat gauche/droite avait animé, et parfois transcendé, notre vie politique. Ce débat trouvait racine dans les options politiques offertes aux citoyens dans les pays démocratiques, ou supposés tels, en particulier en Europe de l'Ouest. La droite incarnait l'esprit d'entreprise et la sécurité, la gauche revendiquait le progressisme et l'esprit de partage.

La dernière vraie confrontation entre ces deux modes de pensée remonte à près de quarante ans : ce fut celle qui opposa Valéry Giscard d'Estaing à François Mitterrand en 1981.

Je ne me retrouvais plus dans aucun de ces partis. En 2015, je quittai le MoDem, habité par la conviction que la France attendait un changement d'envergure et qu'elle aspirait à mettre fin au tandem UMP/PS. Leurs ténors se repassaient systématiquement les plats à chaque élection, réussissant même – quand le plat ne circulait pas bien – à gouverner ensemble à trois reprises.

Face à ce constat, et pour tenter une fois encore de faire bouger les lignes, il était de mon devoir de me présenter à l'élection présidentielle.

N'est-elle pas, particulièrement en France, la plus importante de toutes ? L'avènement du quinquennat réduit considérablement la possibilité de dissolution de l'Assemblée. Le président élu, les Français élisent leurs députés cinq semaines après. Cette concomitance, pour l'instant mécanique, confère donc au président de la République l'assurance d'un mandat plus court mais doté d'une majorité confortable et d'un pouvoir sans partage. En effet, les Français ont systématiquement souhaité donner à leurs présidents les meilleures chances de réussir. Nicolas Sarkozy, François Hollande et Emmanuel Macron ont ainsi pu débuter leur mandat dans cette situation favorable.

Autrement dit, l'élection présidentielle serait devenue le seul rendez-vous démocratique susceptible d'entraîner un changement profond des orientations politiques... Mais ceci ne peut se concevoir que dans un contexte démocratique plus développé que celui dans lequel nous vivons !

À cette occasion, j'allais constater combien est grand le décalage existant entre l'idée que l'on se fait de la démocratie et ce qu'elle est devenue chez nous.

Cher compatriote, vous l'avez compris, dans le contexte de l'époque, en matière de campagne présidentielle, de démocratie et de pluralisme, je me berçais encore de douces illusions.

Fraternelle amitié,
J. L.

MÉDIAS ET PLURALITÉ ?

Lourdios-Ichère

Cher compatriote,

Vous me dites que vous reconnaissez bien dans mes propos le latin que je suis, avec ses exagérations. Que la presse et les médias sont des espaces d'expression ouverts à tous et constituent un des ciments de notre démocratie. Que là encore mon cœur m'emporte, peut-être, comme souvent... Mais vous savez aussi que je ne peux me résoudre à me taire. Je ne sais faire autrement que partager mes tranches de vie si je pense qu'elles peuvent être utiles à d'autres consciences.

Dès le lendemain de ma déclaration de candidature, le 6 avril 2016, j'étais invité à la matinale d'Europe 1 à laquelle participait aussi Nicolas Canteloup. J'étais accompagné de Pierre Carles et Philippe Lespinasse qui avaient décidé de tourner un film sur ma campagne électorale. Grâce à un de mes fils, Geoffray, j'avais découvert Pierre Carles qui s'était illustré par un documentaire sur Pierre Bourdieu et deux autres sur Rafael Correa, ancien président de l'Équateur. Pierre avait accepté de me rencontrer.

Au terme d'une longue journée partagée, nous avions conclu un pacte sans équivoque. Je n'avais pas un euro à lui donner, en contrepartie il était libre de filmer et de publier tout ce que bon lui semblerait. Les premières réactions de mes enfants et de nombre de leurs amis furent admiratives et enthousiastes. Puis, bien au-delà de mon cercle familial, je constatai la notoriété positive dont ils faisaient l'objet.

Forts de leur participation à l'animation d'émissions TV, Pierre Carles et Philippe Lespinasse m'avaient trouvé bien candide sur la nature des rendez-vous qui m'attendaient avec les médias. Ils avaient produit un sujet sur le monde de l'information dont ils ne pensaient pas le plus grand bien. Il avait laissé des traces; je n'imaginais pas un tel sentiment de défiance réciproque entre eux et le monde des médias.

Mon passage à la matinale s'était bien passé. J'avais eu le sentiment d'y être traité avec considération.

Après cette première, j'entrai soudainement dans une omerta médiatique inconnue jusqu'alors. L'arène audiovisuelle est un salon où l'on ne rentre que si on décide de vous y inviter, indépendamment de votre popularité.

La presse écrite ne fut guère plus prolixe à mon égard, en dehors de *L'Express*. Ce dernier faisait parfois sa une sur une ville ou une région de France. Au mois d'octobre 2016, ce fut le Béarn avec pour titre « Béarn. Le système Lassalle ».

Un titre qui montre combien est grande la puissance des mots! Il n'est point besoin d'entrer dans la lecture pour se faire une idée de l'homme Jean Lassalle.

Ceux qui ont pu acheter le numéro en imaginant qu'il s'agissait d'une promotion choisie du Béarn ou de la ville de Pau ne découvrirent, sur quatorze pages couleur, qu'un Jean Lassalle bien glauque.

Quel était le dessein de ce coup de projecteur donné par un magazine n'ayant jamais caché son inclinaison libérale et qui peine à maintenir son lectorat ? Son propriétaire de l'époque, l'homme d'affaires Patrick Drahi, aurait-il influé sur la ligne éditoriale visant à discréditer un homme qui privilégiait une société humaniste à la ploutocratie ?

Même le journal *Marianne* – dont j'étais l'abonné depuis le premier numéro et avec l'équipe duquel j'avais tissé des liens – me gratifia d'un croustillant passage en deux épisodes, à l'occasion de « Nuit debout » que j'avais suivie de bout en bout. Une brève du matin avait fait savoir que durant la nuit, j'avais quitté plus tôt que d'habitude la place de la République, sous des applaudissements nourris, pour prendre la parole à l'Assemblée nationale sur la loi El Khomri. À 16 heures, cette information s'était transformée. Jean Lassalle avait effectivement quitté Nuit debout mais… sous les huées de l'imposante foule présente qui l'avait contraint à quitter les lieux.

Avec mon équipe, ayant réalisé une capture d'image du premier communiqué, nous nous rendîmes au siège du journal pour avoir quelques éclaircissements sur cette volte-face incompréhensible. Nous fûmes bien accueillis par la rédaction, mais l'atmosphère changea lorsque je fis part de ma demande d'explication. On nous répondit que c'était l'erreur d'un stagiaire : aucune rectification en vue.

Leur attitude me stupéfia.

Ainsi, la contribution de la presse écrite durant cette longue période se borna à quelques très rares brèves, quasiment toutes à charge.

La primaire des Républicains occupant alors l'espace audiovisuel français, tous ses candidats, y compris les moins connus, furent largement présentés.

Une petite musique se mettait en route, elle était joyeuse et avenante : la « marche d'Emmanuel Macron ». Elle allait devenir, semaine après semaine, assourdissante. Exit Hollande, exit Valls. Emmanuel Macron était déjà sur orbite, distançant progressivement tout le monde, y compris Marine Le Pen pourtant bien présente elle aussi dans les médias.

Que penser des attitudes surprenantes, voire choquantes, de ces organes de presse dont le premier devoir est un devoir d'informer ?

Peut-on accepter, dans notre pays, de telles dérives dans le fonctionnement de nos médias nationaux ? Je parle de la presse nationale, et non de la locale, de celle qui contribue à façonner l'opinion et dont les vedettes appartiennent à l'establishment.

Est-ce lié au fait que 90 % des médias nationaux soient entre les mains de quelques milliardaires ?

Les principaux titulaires de fortunes investissent dans ce secteur. Bernard Arnault est propriétaire via LVMH des *Échos*, de Radio Classique, du *Parisien*. Son gendre, Xavier Niel, est l'actionnaire principal du groupe Le Monde, avec Matthieu Pigasse. Il possède aussi *Télérama*, *La Vie*, *Courrier International*, *L'Obs*, le groupe La Provence. Patrick Drahi est propriétaire du groupe Altice qui détient RFM, BFM, *Libération* et *L'Express*. Vincent Bolloré est moins en vogue que du temps des messieurs Sarkozy et Hollande. Cela ne serait-il pas dû au fait qu'il a pris un peu trop de temps à sauter dans le « convoi Macron » ? Il a dû abandonner Canal + mais possède encore les chaînes

CNews, C8, CStar. Il a par ailleurs racheté une petite quarantaine de maisons d'éditions.

Pourquoi ces milliardaires se donnent-ils du mal à prendre le contrôle de ces organes d'information ? Est-ce vraiment par pur altruisme ? Et, si oui, pourquoi ne pas investir dans d'autres secteurs tout aussi vitaux de notre pays où l'État n'est pas en mesure d'assumer ses responsabilités, hôpitaux, universités, recherche, notamment sur les maladies toujours incurables, sur les énergies nouvelles… ? Ne serait-ce pas tout aussi gratifiant pour eux et profitable pour la communauté ?

Ne serait-ce pas dû au fait qu'en finançant les médias, ils espèrent peser sur l'information et la pensée ?

Ces mécènes ont tous directement ou indirectement largement soutenu Emmanuel Macron lors de la campagne. Juan Branco nous précise même, dans *Crépuscule*, que plus de 8000 articles paraissent sur Emmanuel Macron entre janvier 2015 et janvier 2018. BFMTV lui consacre 426 minutes d'antenne contre 440 minutes pour tous les autres candidats réunis entre novembre 2016 et février 2017 et 40 unes de *Paris Match*.

Y aurait-il des réseaux de connivence entre le milieu de la haute finance, les sphères du pouvoir et les leaders de notre presse ?

Leur indépendance éditoriale est-elle aussi grande qu'ils l'affirment ?

Sans chercher à mettre en doute leur honnêteté intellectuelle, quelques journalistes et nombre d'éditorialistes ne sont-ils pas les auxiliaires de leurs puissants financiers ?

Dans un domaine – en particulier celui de la presse écrite – où les profits sont minimes, nul doute que si des grands groupes achètent des médias, c'est parce que s'y joue autre chose que des bénéfices financiers directs !

On perd un peu d'argent en salaires d'éditorialistes et de journalistes et on en gagne beaucoup en influant sur une ligne éditoriale, sur des articles qu'on invite à publier ou qu'on refuse, sur des personnalités des mondes politiques, économiques ou artistiques que l'on met en valeur et d'autres que l'on ignore ou que l'on détruit ; les deux opérations pouvant d'ailleurs s'inverser pour des raisons inexpliquées.

Dans ce monde sans foi ni loi, sans pitié ni scrupules, il convient de faire des exemples. Chacun d'entre eux sera le plus retentissant possible. Il a pour objet de conforter les puissants dans la fiabilité de leur système et de sidérer ceux qui pourraient être amenés à en douter ou à s'en exonérer. Qu'ils comprennent bien ce qui peut leur arriver !

Dans un contexte économiquement sinistré et face à une profession très précarisée, les grands fauves du capital sont comme à la parade et contraignent, à leur insu ou pas, ceux qui devraient être les remparts de notre démocratie et de nos libertés en habiles lobbyistes de leurs intérêts politico-financiers. Beaucoup de journalistes m'ont d'ailleurs confié à quel point, face à cette pression venue de toute part, leur beau métier devenait pesant.

Le traitement que m'ont réservé les médias au cours de la séquence présidentielle est, on l'a vu, très éloquent.

Que l'on ne se méprenne pas sur le fond de ma pensée. J'ai pu vérifier ma vie durant les sacrifices consentis par les journalistes, tout comme les politiques, les fonctionnaires et en particulier les magistrats, pour parvenir au bout de leurs rêves. C'est bien d'une même utopie, du même idéal suprême, dont il faut être habité pour tutoyer les étoiles et atteindre le très haut niveau d'exigence et de qualité. Il n'y a que de tels sentiments qui puissent soutenir cette somme de travail, d'engagement et de renoncement à des parties de soi-même au détriment de sa propre famille, de ses loisirs.

À mes yeux, dans leur immense majorité, ces hommes et ces femmes ne sont ni coupables ni responsables de ce changement de cap et du tassement que peuvent connaître leurs convictions. Non, mille fois non. Le responsable, la sangsue qui les ronge, n'est pas à rechercher en eux. Elle vient tout droit du système destructeur que nous avons laissé se mettre en place depuis trente ans et dont nous sommes tous devenus les obligés, voire les courroies de transmission, quelle qu'ait pu être la force de résistance que chacun lui a opposée.

Cher compatriote, vous me taquiniez sur mon goût de l'exagération. Croyez-vous à la lecture de mon récit qu'Émile Zola pourrait encore publier son « J'accuse... » dans un journal national ? Reste-t-il beaucoup de journaux à grand tirage ou de télévisions permettant à quelqu'un qui pense hors du système de s'exprimer librement ? Les principaux médias sont-ils encore au service de notre démocratie en rapportant des faits et en donnant la parole à tous ?

Fraternelle amitié,
J. L.

LE CERCLE TRÈS INTIME DES SONDEURS

Paris

Cher compatriote,

Si les médias jouent un rôle important dans cette élection suprême, ils ne sont pas les seuls. Au sein du petit bataillon de ceux qui font et défont les candidats, il est une escouade terriblement efficace : les instituts de sondages.

En ce qui les concerne, je le savais. Au moins, là, je n'ai pas été déçu.

Quand il s'agissait de tester la notoriété des uns et des autres, j'ai vu apparaître les noms de François Mitterrand ou Valéry Giscard d'Estaing… Il ne manquait que celui de Vercingétorix et le mien !

Quelques personnes travaillant occasionnellement pour l'un de ces instituts m'ont affirmé que, dans les sondages de notoriété, mon nom ne figurait jamais sur les listes proposées aux panels de citoyens ; je n'étais pas surpris, ayant moi-même eu l'occasion de constater que je n'y figurais jamais.

Par un concours de circonstances, je fus amené à rencontrer l'ancien dirigeant de l'un des instituts de sondage les plus connus sur la place, reconverti ensuite dans une importante société du numérique.

« Vous êtes très largement sous-estimé dans cette campagne et je vais vous le démontrer », me dit-il, tandis que nous nous retrouvions dans mon bureau. À la marge de ses activités, il se livrait à la mesure des baromètres quotidiens de notoriété concernant l'ensemble des protagonistes de cette campagne. Certains étaient déjà déclarés candidats, d'autres participaient aux primaires de la droite d'abord, de la gauche ensuite. Toutes ces personnalités faisaient l'objet de sondages dans le cadre de l'application « GOV ». Il m'enseigna les principes de cette dernière. Je m'aperçus rapidement qu'elle était déjà connue de tous mes concurrents.

Ainsi, plus de six mois durant, mes amis et moi eûmes la surprise de me voir faire la course parmi le trio de tête, quelle que soit l'actualité des primaires et des rebondissements vaudevillesques de cette campagne. Il me précisa que son travail, sans avoir valeur de sondage, constituait toutefois une indication basée sur l'appréciation quotidienne de plusieurs centaines, voire de plus d'un millier de participants.

J'eus alors le sentiment qu'à l'instar des médias, quelques « ombres au pouvoir » tiraient les ficelles de ce théâtre de marionnettes. Comme le soulignait notre cher Jean de La Fontaine : « Selon que vous serez puissant ou misérable, [les] jugements de cour vous rendront blanc ou noir ». J'ajouterai que, comme ces officines de sondages sont des entreprises, il vaut mieux pour leur bonne santé financière que l'argent rentre. Sur ce plan, il est vrai que je ne suis pas le meilleur des financeurs.

La toute-puissance de ces instituts se trouve confortée par la loi du 25 avril 2016. Entre le moment de la publication de la liste des candidats et l'ouverture de la campagne dite officielle, cette loi impose « l'équité » de temps de parole et non plus son « égalité ». Celle-ci devenant de mise lors de cette campagne officielle, soit dans les douze derniers jours, et encore pour la seule presse parlée et audiovisuelle.

C'est le CSA qui détermine le temps de parole des candidats. Pour respecter l'équité, il a estimé, par interprétation de la loi, que « ces temps de parole devaient être équilibrés afin de refléter la réalité du paysage politique français... dans des proportions correspondant à leur poids politique respectif ».

Comment dès lors l'évaluer ?

Plusieurs critères sont pris en compte : les sondages d'opinion, les résultats du parti aux récentes élections, la contribution du candidat au débat public...

Quelle escroquerie !

Après avoir été totalement sorti des radars médiatiques entre le mois d'avril 2016 et le 20 janvier 2017, je pensais légitimement que mon sort allait s'améliorer. Las, « le nouveau dispositif » allait se charger de me ramener à la réalité « démocratique ». Selon les relevés du même CSA rapportés par *L'Express*, le 27 avril 2017, du 1er février au 9 avril, les temps d'antenne et les pourcentages de voix au premier tour ont été les suivants. 27,6% d'antenne et 20% des voix pour François Fillon, respectivement 20,7 et 24 pour Emmanuel Macron, 17,9 et 21,7 pour Marine Le Pen, 16,5 et 6,4 pour Benoît Hamon, 11 et 19,6 pour Jean-Luc Mélenchon, 2,1 et 4,7 pour Nicolas Dupont-Aignan, 1,1 et 1,1 pour Philippe Poutou, 0,9 et 0,6 pour

Nathalie Artaud, 0,8 et 0,9 pour François Asselineau, 0,7 et 0,2 pour Jacques Cheminade et 0,7 et 1,2 pour Jean Lassalle.

Fort heureusement, le même article de *L'Express*, quelques lignes plus bas, me rassurait : « La règle d'équité a plutôt bien fonctionné [...]. Les écarts entre l'exposition médiatique et le poids électoral est insignifiant pour ce qui les [des "petits" candidats à leur niveau] concerne, s'étageant de plus de 0,5 % pour Jacques Cheminade à moins 0,5 % pour Jean Lassalle ».

Ce qui m'attriste le plus, c'est que la démocratie et le pluralisme sont au plus bas dans notre pays. C'est d'autant plus navrant de France Télévisions dont le seul nom devrait évoquer ces valeurs. Grâce à ses moyens puissants, le service public met en scène le duel Macron-Le Pen sans chercher à tenir compte des voix discordantes. En se concentrant sur les petites phrases et en limitant le champ politique aux deux derniers candidats de la présidentielle, il limite l'information de nos compatriotes et contribue à attiser les clivages au sein de la société.

Ce qui fait le plus mal c'est de savoir que ce service dit d'utilité publique est financé par la redevance des Français. L'objectif de ces médias devrait être l'information la plus neutre possible pour donner à nos compatriotes de quoi se forger une opinion. Nous ne pouvons plus admettre cette situation car nous avons besoin d'eux pour éclairer les Français.

Qui sont donc « les ombres au pouvoir » des instituts de sondage ?

À l'instar de nos médias, ils appartiennent à de grands groupes financiers et industriels !

TNS Sofres a été acquis par le leader de la communication et la publicité WPP et intégré à Kantar en 2008.

Le mythique IFOP des années 1960 a pour actionnaire majoritaire la famille Dentressangle, cinquante-sixième fortune de France.

Là aussi est-on assuré de l'impartialité d'outils détenteurs d'un rôle aussi important ? Quel est l'intérêt de ces groupes ? Quand bien même, le doute n'est-il pas encore pire que la réalité de leurs agissements ?

La seule organisation pour laquelle j'éprouve du respect est l'institut Harris Interactive. Pas pour les deux résultats très honorables en ma faveur, à plusieurs mois d'intervalle, mais pour le fait de m'avoir pris en considération.

Pour être complet, j'ai aussi eu à la même époque des contacts avec l'IFOP et son directeur par l'entremise d'un ami commun. Il nous invita à dîner chez lui. Il eut l'honnêteté de me préciser qu'il était chargé de réaliser au même moment un sondage pour le compte du ministère de l'Écologie qui faisait état que plus de 90 % des Français étaient favorables à l'introduction des ours dans les Pyrénées. Comme toujours et en pareille circonstance, leur panel n'avait rien de représentatif. Je préférais ne pas commander de sondage dans ces conditions.

Lorsque je m'interrogeais sur la pertinence de ma participation aux élections européennes, je sollicitai de nouveau Harris Interactive. Son responsable accepta de réaliser une étude de notoriété et des intentions de vote, aux mêmes conditions financières que la première.

Les résultats vinrent corroborer la première analyse : ma notoriété atteignait 70 % auprès des sondés avec 59 % d'opinions favorables, 27 % n'excluant pas de voter pour moi dont 9 % « certainement décidés » à le faire.

Deux jours après avoir adressé un communiqué de presse à tous les médias, seuls quelques quotidiens régionaux et le national *Valeurs actuelles* le diffusèrent.

Le Monde, quant à lui, s'en prit au groupe américain propriétaire de l'institut Harris. Ce journal de référence qui sait tout et ne dit que la vérité lui consacra deux pages entières pour dénoncer des agissements « bien douteux » sur l'ensemble de l'Union européenne et la France en particulier. Ce groupe était accusé de « complaisance » à l'égard des mouvements complotistes et des organisations d'extrême droite.

Je n'entre pas dans ces catégories et ne me sens donc pas concerné. J'attends toujours l'enquête de ce journal de référence sur les autres instituts de sondage.

Au-delà de mon cas personnel, c'est l'état de notre démocratie qui doit nous interpeller sur la réalité du pluralisme à propos duquel notre pays s'est toujours montré sourcilleux.

Il serait temps que ces instituts s'attachent à sonder réellement la notoriété ou les intentions de vote à l'égard de tel ou tel candidat, plutôt que de suivre aveuglément les prescriptions du système ou la volonté de leurs propriétaires respectifs. Ce qui revient d'ailleurs la plupart du temps au même.

Loin de moi l'idée de remettre en cause la science de la statistique. Elle est trop ancienne et suffisamment éprouvée pour que quiconque puisse émettre le moindre doute sur son fondement scientifique. Les débats sur l'interprétation des sondages ne datent pas d'hier. On prête à Winston Churchill cette phrase définitive : « Je ne crois aux statistiques que lorsque je les ai moi-même falsifiées. »

Le seul fait qu'à 20 heures, les sondages et projections, « sortis des urnes », donnent le résultat à quelques décimales près prouve que la statistique appliquée à la politique peut fonctionner.

J'aimerais vous soumettre une dernière réflexion sur le sujet. Compte tenu de l'importance des informations délivrées et de leur incidence démocratique, les instituts de sondage devraient constituer le summum de la transparence. Essayez donc de joindre par téléphone un institut de sondage ! Si par bonheur vous y parvenez, les quelques réponses à vos questions vous donneront une idée de leur transparence cristalline.

Cher compatriote, je sais que tout ceci peut vous paraître incroyable mais les très rares instituts qui se sont intéressés à ma candidature m'ont une fois pour toutes situé, du 7 avril 2016 au début de la campagne officielle, entre 0 et 0,5 % d'intentions de vote.

J'ai eu la chance de grimper, par je ne sais quel miracle, à 1 %, dix jours avant l'échéance du premier tour, où j'ai terminé tout à fait logiquement à 1,21 % des suffrages exprimés.

Courbe parfaite, imparable et indiscutable.

Fraternelle amitié,
J. L.

CANDIDAT ET PARRAINAGES

Paris

Cher compatriote,

Dans votre dernier courrier, vous vous étonnez qu'en tant que maire depuis quarante ans et député depuis si longtemps, j'ai eu tant de mal à réunir les cinq cents parrainages. Vous me demandez même si cela n'était pas dû à mon absence d'organisation et au fait que j'étais bien trop seul pour m'engager dans une telle aventure. Vous vous interrogez même pour savoir si ce ne sont pas là les raisons de ce que je crois avoir vécu comme un ostracisme.

Ostracisme, dites-vous ? Eh bien, parlons-en.

Les médias ignorant ma candidature, je me rendis compte que l'immense majorité des élus n'en avaient pas connaissance.

Durant une très longue période de précampagne animée par les primaires de droite puis de gauche, j'avais totalement disparu des écrans radars. Du matin au soir, la plupart de leurs prétendants se succédaient sur les « étranges lucarnes ».

Je découvris alors que très peu de gens savaient que j'étais candidat. Dans ma propre vallée, tout le monde pensait que j'avais renoncé. Un de mes proches amis m'assura que si 5 % des Français connaissaient ma candidature c'était vraiment le bout du monde.

Pourtant, quinze jours après ma déclaration de candidature, le 6 avril 2016, j'enregistrai déjà près de deux cents promesses de parrainage.

J'en fus stupéfait; mais c'était avant que je ne sois frappé de bannissement.

En effet, très vite les choses se gâtèrent sur ce plan-là. Ayant engrangé plus de deux cent cinquante parrainages au mois de juin, il ne se passa pas grand-chose au cours de l'été. Aux environs du 20 septembre, j'eus la surprise de découvrir que malgré les efforts soutenus de mon équipe, les promesses de parrainage n'arrivaient plus. Certains maires m'avaient même signifié leur retrait.

J'entrepris de les appeler. La plupart ne me répondirent pas. Je ne retirai pas grand-chose de ceux avec qui je parvins à échanger. Ils étaient gênés. Quelques nouveaux maires me donnaient à nouveau leur accord, certains avec enthousiasme. Mais lorsque je souhaitais finaliser leur parrainage, je les trouvais embarrassés.

En leur consacrant beaucoup de temps je regagnais un peu de confiance de la part des maires. Nombre d'entre eux me confièrent que le député ou le sénateur leur avait parlé. Pour d'autres c'est M. le préfet qui argumentait de manière imparable :

« Monsieur le maire, vous n'allez tout de même pas parrainer Jean Lassalle... Il n'est pas sérieux! Pensez à l'image de votre commune. Si vous voulez vous distinguer, parrainez plutôt l'écrivain Alexandre Jardin, le général Tauzin, au pire monsieur Asselineau ou monsieur Cheminade. Votre rôle est important monsieur le maire, vous êtes quasiment à mi-mandat. Pensez à l'octroi des subventions. La concurrence est vive. Elle supporte mal l'excès de zèle. »

À partir du 15 novembre, j'entrepris d'arpenter la France du nord au sud et d'est en ouest, accompagné de mon équipe et de mon fils Geoffray.

Début décembre, nous dûmes intensifier la campagne d'envoi d'emails, de courriers et d'appels téléphoniques. Par la force des choses, nous étions obligés d'informer à nouveau les maires de la réalité d'une candidature qu'ils avaient massivement découverte six mois auparavant.

Je rentrai le 24 décembre au soir pour fêter Noël en famille. Conduit par les deux cinéastes Pierre Carles et Philippe Lespinasse, et en compagnie de mon fils Geoffray, je repartis dès le 25 décembre après-midi dans le Jura, en Ardèche et en Lozère pour ne revenir que le 31 au soir, juste avant les vœux du président François Hollande.

Nous redémarrions le 2 janvier au petit matin. Sur l'ensemble des territoires, je rencontrais, la plupart du temps, un accueil très favorable des maires et des habitants. Ils s'inquiétaient du nombre de mes parrainages et me demandaient si je pensais y arriver ou pas. Puis, spontanément, ils me faisaient part des lourdes difficultés qu'ils rencontraient dans l'exercice de leur fonction : un budget au fond des chaussettes, des voies d'accès et des réseaux qu'on n'arrive plus à entretenir...

Je fus marqué par une de leurs préoccupations dont je n'avais que peu entendu parler jusque-là : l'arrivée inopinée de nouvelles populations sans logement ni la moindre connaissance dans la commune. La tâche la plus lourde, mais aussi la plus passionnante, consistait à entretenir encore un peu de « vivre ensemble ». Enfin, ils exprimaient autant leur découragement que leur révolte à l'égard des textes relatifs à l'organisation territoriale.

Parmi eux, la loi NOTRe, qui avait instauré les fameuses intercommunalités XXL à perte de vue, faisait l'unanimité contre elle.

Tout cela ne faisait pourtant guère avancer le nombre de mes promesses de parrainage. Je compris que si je continuais comme ça je n'y arriverais jamais. À Paris, une équipe de campagne s'était organisée. Il s'agissait d'un commando de choc dirigé par Céline Alléaume, une amie de longue date. L'homme de la mer Philippe Metzger et Frédéric Lefebvre-Naré, le polytechnicien, avaient pris place à ses côtés pour finaliser un projet élaboré à la rencontre de nos concitoyens et des nombreux témoignages recueillis. Cette consultation avait commencé dans le cadre de commissions thématiques, issues de la marche citoyenne.

Tous les textes furent passés au crible. La loi organique du 25 avril 2016, non contente d'avoir scandaleusement modifié le temps de parole des candidats, faisait désormais obligation de publier régulièrement la liste des parrains sur le site du Conseil constitutionnel. L'identité des parrains, consultable en ligne, leur assurait une publicité dont ils se seraient bien passés. Selon eux, elle risquait de les mettre en porte-à-faux avec leurs conseillers municipaux et leurs administrés. Souvent à la tête d'une liste, représentant les diverses sensibilités de la commune, ils craignaient que leur parrainage ne soit assimilé à un soutien politique. Lors des dernières élections, la publicité des parrainages était limitée au tirage au sort de cinq cent d'entre eux à la fin de la campagne. Mais les nouvelles dispositions exerçaient une pression supplémentaire sur les élus.

Mieux, les documents officiels de parrainage devaient désormais être adressés par les parrains eux-mêmes au

Conseil constitutionnel, par courrier avec accusé de réception. Auparavant, les candidats ou leurs représentants pouvaient les recueillir et les apporter eux-mêmes. Chacun garde en mémoire tel ou tel candidat présentant à la presse son cinq centième sésame. Fini l'image d'Épinal !

Le risque de perte entre la promesse de parrainage et l'envoi final avait donc considérablement augmenté. Il nécessitait la mise en place d'une stratégie redoutable pour éviter ce type de mésaventure. Il convenait de rester en relation avec l'élu du début jusqu'à l'arrivée du pli au Conseil constitutionnel.

Dalila Berbagui, qui s'occupait dès le premier jour de la coordination des parrainages, prit alors la direction d'une nouvelle équipe dédiée à cette opération décisive. J'avais fait la connaissance de cette professeure d'histoire-géographie durant la marche. Depuis lors, elle avait participé à toutes les réunions de la marche citoyenne et à la rédaction de mes publications. Très organisée, scrupuleuse à l'excès, elle constitua une petite unité de cinq ou six personnes dans les locaux de campagne que nous venions d'investir, et autant de relais sur l'ensemble de notre territoire. Le local était un peu exigu et il fallut répartir au mieux l'espace entre ceux qui avaient la charge de finaliser le projet du candidat et ceux qui participaient à la rédaction de mon dernier ouvrage. Caroline Huet avait pris en charge la préparation des affiches, des professions de foi et des flyers. Elsa Arpin coordonnait la communication et les relations presse. Deux de mes fistons, Geoffray et Amaury, surnommés « Tic et Tac », étaient en charge de la bataille qui se livrait sur les réseaux sociaux.

Les chasseurs de parrainage occupaient avec leur téléphone le moindre recoin resté disponible, afin d'éviter les interférences téléphoniques. C'est ainsi que je découvris un jour que Muriel Huet avait installé sa chaise sous le pommeau de la douche. Un tableau monumental avait été dressé par Philippe Claret et ses acolytes. À chaque nouveau nom qui s'y inscrivait, un puissant hourra secouait l'ensemble du quartier général.

Notre stratégie allait s'avérer payante. L'arrivée des parrainages reprenait au compte-gouttes, avant d'amorcer une irrésistible *remontada* dans les quinze derniers jours. Grâce à l'énergie de mon équipe et à la mobilisation par mon frère Julien de tout son réseau agricole, j'obtenais le jour dit, 17 mars 2017, sept cent huit parrainages. Ils se répartissaient sur quatre-vingt-neuf départements, alors qu'il suffisait d'être représenté sur trente d'entre eux.

Cher compatriote, je ne sais pas si mon récit aura changé quelque peu votre état d'esprit sur la réalité de l'ostracisme auquel je me suis senti confronté. Peut-être ai-je répondu à votre questionnement sur l'organisation de ma campagne. Ce dont je suis certain c'est que cette organisation a existé des semaines durant, dans une joie et une détermination rarement rencontrées dans ma vie. Ce sont elles qui m'ont permis de vaincre l'ostracisme sur l'épisode des parrainages.

Aussi, je remercie chaleureusement mes sept cent huit soutiens d'avoir œuvré au pluralisme, et permis de faire entendre une autre voix et des notes différentes.

Fraternelle amitié,

J. L.

CANDIDAT ET FINANCEMENT

Paris

Cher compatriote,

Vous m'interrogez à propos de la réalité financière de ma campagne. Vous avez le sentiment que, là encore, j'en ai fait des tonnes. Dans votre lettre vous concluez même en disant que vous ne croyez pas un seul mot de mes explications ubuesques. Vous avez cru bon d'ajouter un nota bene pour me signifier qu'une campagne présidentielle est une chose sérieuse et que nous ne sommes pas au Far West. Selon vous, la grandeur de notre démocratie assure à chaque candidat officiel un minimum légal qui permet de faire une campagne honorable.

Je me suis d'abord tourné vers le Crédit agricole. Mon grand-père paternel avait régulièrement accompli quatre-vingts kilomètres aller et quatre-vingts kilomètres retour, à pied, pour se rendre à Pau afin de contribuer à faire naître ce qui allait s'appeler le Crédit agricole. Sa principale difficulté était d'éviter les copains qui lui demandaient invariablement : « Où vas-tu ? Que vas-tu faire ? Une banque pour nous paysans ? Une banque mutuelle ? Mais comment peux-tu croire en pareille sornette ? » Il prenait donc la précaution de rentrer à pas d'heure le lendemain ou le surlendemain.

Très naturellement, à 18 ans, j'ouvris un compte au Crédit agricole, compte que j'ai pris grand soin de tenter de maintenir à flot. Au début des années 1980, c'est lui qui me consentit un prêt de 300 000 francs afin de créer mon entreprise.

Je décidai donc d'emprunter les 800 000 euros qui, quel que soit mon score à l'élection, seraient remboursés par l'État. Tout candidat, même celui qui n'atteint pas les 5 %, bénéficie en effet d'un remboursement du montant de ses frais à hauteur de cette somme.

Nous avions minutieusement conçu une campagne ne dépassant pas ce plafond. Les seules petites catastrophes qui risquaient de se produire seraient dues aux dépenses non validées par le Conseil constitutionnel. Celles-ci auraient été à ma charge et non à celle du banquier. En tout état de cause, s'il en est un qui ne prenait pas de risque dans l'affaire, c'est bien lui.

La publication officielle des parrainages eut lieu le 18 mars. Le premier tour de l'élection était fixé le 23 avril. Je disposais donc de cinq semaines et de 800 000 euros pour faire enfin campagne.

Mon mandataire financier, Antoine Nougarède, fut chargé de préparer et de signer le dossier de prêt. Hélas, au bout de dix jours, il m'informa que la banque faisait durer la procédure. Dix jours déjà !

Dix jours pour un emprunt qui est assurément remboursé par l'État ?

Ne parvenant pas à imaginer un traquenard, les démarches se poursuivirent.

Terrible erreur.

L'emprunt auprès du Crédit agricole ne sera jamais acté.

J'étais abasourdi.

Ce fut finalement le Crédit coopératif, appelé en catastrophe, qui m'avisa, le 14 avril, de la validation de mon dossier.

Soit neuf jours avant le premier tour. Si bien que j'ai mené une campagne à 260112 euros. J'ai été le candidat qui aura coûté le moins cher à la Ve République. Emmanuel Macron n'aurait dépensé « que » 16698320 euros, Marine Le Pen 12416567, François Fillon 13784073, Jean-Luc Mélenchon 10676699, Benoît Hamon 15072745 tout de même... Les autres candidats ne furent pas en reste : 1823157 pour Nicolas Dupont-Aignan, 1230843 pour François Asselineau, 958237 pour Nathalie Arthaud, 782448 euros pour Philippe Poutou et 412983 pour Jacques Cheminade.

Je me suis donc débrouillé avec les moyens du bord, c'est-à-dire une équipe de bénévoles exceptionnels, des nuitées chez l'habitant plutôt qu'à l'hôtel et ma voiture personnelle pour bien des déplacements. À cet égard j'aurais mieux fait de louer une voiture avec chauffeur, puisque la Commission des comptes de campagne a refusé de me rembourser les frais afférents à ma voiture personnelle !

Ce recours obligé au système D crée des liens forts, tout en générant beaucoup de stress et un surcroît de fatigue dont un candidat à l'élection présidentielle n'a pas forcément besoin.

J'ai dû annuler tout mon programme de déplacement dans les territoires d'outre-mer. Pourtant, j'étais résolu à m'y rendre, tant je suis viscéralement attaché à ces lumineuses parties de nous-même si heureusement situées à travers mers et océans. J'ai dû également faire l'impasse sur un meeting dans une grande salle permettant une plus large audience.

Sur un tout autre domaine, qui me tient particulièrement à cœur, l'Association des populations des montagnes du monde (APMM), j'ai vu la Caisse d'épargne se séparer de moi. Oh, son budget est fort modeste. Je ne suis pas exempt de reproches, pendant toute la durée de l'élection présidentielle je n'ai pas pu suivre attentivement sa bonne marche.

Durant ma longue vie publique, j'ai réalisé des millions de francs puis des milliers d'euros d'investissement avec le Crédit agricole et avec la Caisse d'épargne. Ces deux grands organismes financiers font partie du patrimoine de notre pays. Ils sont d'inspiration mutualiste. Ils ont l'un et l'autre des relations très étroites avec l'État. Y aurait-il dans cette affaire un lien de cause à effet ?

Qu'on ne se méprenne pas, j'ai l'âge de faire la part des choses. Je n'incrimine aucun des 38000 salariés du Crédit agricole pas plus que ceux de la Caisse d'épargne, professionnels remarquables et passionnés. La plupart sont devenus des amis.

La page est tournée. Ils continuent à veiller sur mes comptes personnels et ceux de ma famille. Une seule question effleure encore mon esprit : la décision de la direction centrale du Crédit agricole a-t-elle été suggérée par plus haut ?

Je m'efforce de comprendre comment des faits certes minusculissimes à l'échelle d'un pays tel que le nôtre ont pu se passer.

J'avais le sentiment qu'il fallait briser mon élan et tuer ma campagne. Ce fut docilement fait. J'ai mené une campagne d'intensité comparable à celle des « gros » budgets, mais avec cinquante ou soixante fois moins de moyens financiers. Avec 500000 euros de plus, j'aurais été plus efficace, moins fatigué, plus percutant, plus présent partout sur notre territoire et notamment en outre-mer où je me savais attendu.

Le dilemme est vieux comme le monde. Faut-il adouber le système pour être traité équitablement ? Ou bien continuer à lui résister seul, des années durant, et finir marginalisé telle une ombre ? Je me souviens d'avoir entendu l'un de mes amis me dire un jour dans un large sourire : « Ce qui vaut la peine de vivre, vaut la peine de mourir ! » Telle est l'impitoyable réalité que connaissent toutes les minorités ; le triomphe de quelques-uns passe par le sacrifice de ceux qui ne survivent pas. Pour ma part, j'ai choisi d'avancer à mon pas, en m'appuyant sur la joie intérieure que procurent l'engagement et l'obstacle surmonté. Je suis convaincu qu'il faut toucher au cœur nos concitoyens afin de susciter la prise de conscience qui permet de se libérer.

Cher compatriote, plus on s'élève dans la hiérarchie républicaine et plus le constat s'impose. Trop de grands élus parviennent au pouvoir pieds et mains liés.

Qu'on se rappelle la réponse de François Mitterrand à son épouse Danielle lui demandant pourquoi il ne mettait pas un terme aux abus économiques et sociaux dénoncés avec force dans son programme : « Chère Danielle, je ne mets pas un terme à tout cela car je n'y puis rien... » Rarement aveu a été marqué par autant de lucidité et d'impuissance.

Le ver est dans le fruit.

Le candidat accepte des sommes astronomiques pour son financement. Soit. Mais à qui le futur président est-il redevable de son élection ?

Tout commence là.

À peine élu, Nicolas Sarkozy a reçu jet-set et CAC 40 au Fouquet's avant de s'embarquer sur le yacht de Vincent Bolloré. Autant de signaux pour assurer à ses commanditaires qu'il ne les oubliait pas. Au moins son attitude avait-elle le mérite de la franchise. Ses prédécesseurs et successeurs ont agi avec plus de discrétion, mais le fond du problème reste le même.

Le soutien financier étant strictement limité à 7 500 € par personne physique ou 15 000 € par foyer fiscal, quels autres leviers ont été mis en œuvre pour conduire un candidat à un budget de campagne de 16 millions d'euros ?

Dès lors qu'ils sont totalement dépendants des puissances financières, ils sont bien obligés de leur abandonner les rênes du pouvoir, le seul qui vaille, celui que le peuple souverain dans sa diversité leur délègue.

Ils ne sont plus que des élus et monarques en représentation car ces mêmes financiers détiennent aussi le monde des médias et de l'édition. Ils sont à l'origine des réseaux sociaux. Plus rien n'échappe à leur contrôle. Ils ont acquis la possibilité de baisser ou de lever le pouce comme dans la Rome antique.

Fraternelle amitié,
J. L.

UN CHEMIN BIEN ESCARPÉ

Lourdios-Ichère

Cher compatriote,

Plus j'avance et plus je me dis que je n'arriverai pas à vous convaincre. J'ai apprécié que vous m'ayez fait part de votre surprise à la lecture de mes explications financières. Vous avez raison, elles n'expliquent pas tout. Souffrez cependant que je continue à vous narrer ce à quoi j'ai eu le sentiment d'être confronté pendant cette campagne.

Le passage devant la FNSEA et les jeunes agriculteurs constituait l'un des passages obligés des candidats. Je commençai par y évoquer la dignité de la paysannerie, au même titre que celle des ouvriers, des pêcheurs et des mineurs, toutes ces catégories hors de la norme qui transmettent un métier de père en fils. Je tenais ferme le fil de mon discours devant un auditoire attentif lorsque, tout à coup, j'entendis des éclats de rire dans le public. J'étais pourtant en train de faire une démonstration sur Bruxelles et la PAC qui n'avait rien de comique.

« Vous ne vouliez pas de la PAC, Et vous aviez raison ! Vous vouliez que votre production soit achetée à son juste prix afin que vous puissiez vivre d'elle, avec votre sueur, votre amour, votre ingéniosité. Vous ne vouliez pas vivre de subventions... »

Malgré les rires qui montaient, je ne me démontai pas et poursuivis. À la fin de mon discours, la salle se leva et applaudit à tout rompre.

J'ignorais que ces rires avaient été déclenchés par une série de questions qui s'étaient affichées derrière moi, sur l'écran. Du style : « Comment allez-vous faire si vous êtes élu pour vous rendre à Bruxelles à pied alors que les autres iront en avion ? »

Ce n'est qu'à la sortie du congrès que j'en appris les raisons : de la bouche du régisseur, un homme d'une cinquantaine d'années.

« Je ne sais comment vous le dire, mais j'ai commis une grave faute. J'étais en cabine lorsqu'un homme est entré en me disant qu'il y avait un problème. La partie droite de la salle n'entendait rien. Je trouvai cela bizarre, mais je suis sorti pour me rendre compte par moi-même. Eh bien figurez-vous que ce type en a profité pour envoyer sur l'écran une série de questions directement adressées par les agriculteurs à partir de leur téléphone et qui n'auraient dû s'afficher qu'au moment du débat. Je suis vraiment désolé. Je vous conseille de porter plainte car on a cherché à saboter votre intervention. »

Je le remerciai et quittai les lieux après avoir serré les mains qui se tendaient vers moi.

Même le film de Pierre Carles et de Philippe Lespinasse dont j'espérais qu'il retracerait la campagne me laissa un goût d'inachevé. Il avait démarré sur les chapeaux de roues mais ne fut achevé que dix-huit mois plus tard, bien après la fin de la campagne électorale.

Je salue l'engagement, le dévouement et la passion dont ils ont fait preuve.

À mes yeux, un fait changea le cours du tournage : ma visite à Alep, en Syrie et ma rencontre avec Bachar al-Assad, à l'invitation des chrétiens d'Orient et accompagné de deux autres députés.

Nous étions suivis par une importante délégation médiatique parmi lesquelles l'AFP, France Télévisions, RTL et LCP. Avec notre intermédiaire, et parce qu'ils en faisaient la demande pressante, ces journalistes rencontrèrent longuement Bachar al-Assad. Las, seul RTL rendit compte de cet échange et de l'ensemble de ce voyage, de la situation apocalyptique d'Alep, où les combats venaient de cesser cinq jours auparavant.

À ce moment-là, je découvris que la productrice de ce film avait des idées très arrêtées. De surcroît elle ne me portait pas en grande estime. Le film lui-même l'évoque honnêtement. Et notre relation changea. Pierre et Philippe me suivirent beaucoup moins. Ma directrice de campagne ne les portait pas dans son cœur, ce qui ne facilitât pas les choses.

Toujours est-il que la deuxième phase de ma campagne, dont la partie officielle, n'allait pas être prise en compte dans le film. C'est pourtant là où je m'efforçais de présenter mon projet pour la France, avec deux ouvrages à l'appui, *Un berger à l'Élysée* et *Résistons! Le temps est venu*. Il me sembla que le film s'en trouvait déséquilibré. Il avait pris en compte tout le début, à savoir ma famille, ma commune, mon milieu d'origine, ma recherche intérieure, la bataille pour les parrainages. Mais l'élaboration du projet et le reste de la campagne ne furent pas traités.

Je sais la profondeur des sentiments qui unissent ces deux artistes et moi. J'ai senti que leur ouvrage présentait une candidature volontariste, mais elle en traitait surtout les aspects atypiques et pittoresques. Le film s'acheva bien plus tard sur les rumeurs de « mains aux fesses » dont j'étais victime à cette époque-là.

Le premier moment de déception passée, comme on dit chez nous « une parole est une parole », je n'ai mis aucune objection à la diffusion d'*Un berger et deux perchés à l'Élysée*. J'ai animé, avec eux, une bonne trentaine de projections-débats. J'ai eu la surprise d'y constater un accueil plutôt favorable. Les débats y furent riches et animés, toujours bienveillants vis-à-vis d'un véritable film d'auteur et non une œuvre de propagande.

Cher compatriote, qu'on ne se méprenne pas une fois encore sur la conclusion que je tire de ce long chemin. Ce sont moins les hommes qui sont en cause que le système général qui nous dirige et aliène chaque jour un peu plus le débat, la vie publique, la place de l'homme.

Fraternelle amitié,
J. L.

HEUREUX MOMENTS SUR CETTE LONGUE ROUTE

Paris

Cher compatriote,

Mon principal motif de joie lors de cette campagne fut la chaleureuse affection des Français, jamais démentie sur l'ensemble du pays, et par l'accueil que me réservèrent certains corps intermédiaires. En premier lieu, les adhérents du MEDEF.

Je ne suis pas hostile aux patrons ni à l'esprit d'entreprise, bien au contraire; j'ai été moi-même l'un des leurs pendant plus de trente ans. Mais je m'oppose farouchement à la financiarisation de notre économie et de l'ensemble de la société.

Je devais m'exprimer après Emmanuel Macron et avant François Fillon, candidats en symbiose avec un tel auditoire. J'attaquai sur le mode lyrique que j'affectionne lorsqu'il me faut convaincre :

« Je suis fier de ce que vous faites, et d'ailleurs plus de ceux qui sont au troisième rang que de ceux du premier. Car vous, vous passez trop de temps avec la finance et pas assez dans l'élaboration et la mise en œuvre de vos projets. Si je suis élu, je faciliterai l'accès aux fonds dont vous avez besoin, mais je vous libérerai de la finance spéculative. »

Contre toute attente, me voilà applaudi, et jusqu'au premier rang où siégeaient les grands responsables du MEDEF, Pierre Gattaz et consorts.

Plusieurs me demandèrent ensuite des dédicaces, firent des selfies, me congratulèrent pour mon discours. L'un des charmes de la vie politique, à côté de tant de poisons, est que l'on remporte parfois des succès, ne fussent-ils que d'estime, là où on ne les attendait pas.

Si certains applaudissements de leaders du CAC 40 étaient certainement de façade, je ressentis que beaucoup de patrons de PME et de TPE partageaient mes propos. Il est vrai qu'ils sont souvent eux aussi les victimes de ce capitalisme prédateur. Ils risquent tout dès qu'ils prennent la décision d'entreprendre. J'en ai croisé tant qui travaillent cent heures par semaine sans même pouvoir se payer tous les mois ! Ils sont de plus en plus souvent étranglés par les grands groupes, les banques, les fonds de pension, sans oublier les prélèvements et les contrôles.

Leurs créanciers n'hésitent pas à les pousser à la liquidation judiciaire. Ils finissent alors surendettés et isolés face à l'adversité.

Arriva ensuite le congrès des maires, porte de Versailles à Paris, durant lequel chaque candidat défile devant un parterre nourri. Emmanuel Macron parla avant moi, et depuis les coulisses je l'entendis se faire siffler à plusieurs reprises, en particulier lorsqu'il évoqua la taxe d'habitation et affirma qu'il ne toucherait pas à la loi NOTRe.

Mon tour arriva. Je me présentai à la tribune sans notes et commençai avec une lenteur grave, tout en ponctuant mes propos d'un ou deux traits d'humour destinés à détendre l'auditoire. Puis j'abordai l'essentiel :

« Le maire français a toujours été le maire le plus puissant du monde. Jadis, grâce à la volonté du roi qui contrebalançait avec lui les pouvoirs exorbitants des seigneurs et des curés. La République a poursuivi dans la même voie. Elle n'hésita pas à faire de lui l'un des piliers du régime. Le maire, c'est donc l'élu de la France éternelle. Il se tient au plus près de sa population. Il en connaît les ressources et les besoins. La loi NOTRe a détruit cela. Elle a défait ce qui faisait société au plus près de nos concitoyens et du terrain.

Notre organisation territoriale, patiemment tissée depuis si longtemps, est devenue un champ de ruines. Ce maillage multiséculaire des communes fondant un lien naturel entre l'esprit de nos si vieilles provinces et de l'État, a été rayé d'un trait de plume. Les lois NOTRe, MAPTAM et Régions ne figuraient dans aucun programme électoral ! Elles nous ont imposé des espaces intercommunaux tellement vastes qu'il faut des hélicoptères pour en faire le tour ! Nos maires s'efforcent tant bien que mal de rester debout. Ce sont 36000 sentinelles veillant sur la France, avec leurs centaines de milliers de conseillers municipaux bénévoles élus. Malgré tout, ils constituent le dernier rempart de notre relation sociale et humaine.

La commune doit retrouver le plein exercice de sa "clause de compétence générale". Elle doit retrouver la liberté de s'organiser avec ses voisines, de s'associer, de recréer des communautés de communes à taille humaine. La loi NOTRe doit être abrogée. Les maires doivent retrouver leur pouvoir. La commune représente la base même de la vie démocratique et sociale. »

Je terminai mon discours sous un tonnerre d'applaudissements.

Après mon passage, une journaliste du *Figaro* sollicita une interview : « Je vais vous faire un encadré ! » Je l'acceptai d'autant plus volontiers que son journal n'évoquait jamais ma candidature. Cette femme me déclara d'emblée : « Vous avez conquis une salle entière avec des propos respectueux et enthousiastes, sincères et pragmatiques. » Je répondis à ses questions en développant mon projet en faveur des élus et des maires.

Le lendemain, j'achetai tous les journaux. Pas un mot, nulle part, de mon discours. Quelques citations avaient tout au plus été reprises sur Internet. Et rien dans *Le Figaro* ! Un encadré certes, mais pour évoquer la force du verbe macronien.

Le hasard voulut que je tombe nez à nez avec cette journaliste en sortant du café où je venais de prendre mon petit-déjeuner. Nous nous serrâmes la main. Elle me fixa droit dans les yeux : « Je n'ai pas pu passer votre interview, me déclara-t-elle d'une voix sincère. Je me suis heurtée à un refus total de la rédaction. »

Malgré un budget de campagne très limité, j'ai toutefois pu me rendre en Corse ! Je me demande si cette plongée dans l'Île de Beauté n'a pas compensé en grande partie les coups qui venaient de m'être portés. L'avant-dernière semaine, j'y fus accueilli avec une flamme que je n'aurais jamais imaginée. Flamme qui a été source d'une joie intense, la plus belle de cette campagne. Le déplacement avait été préparé par Céline Alléaume avec Marion

Casanova, attachée parlementaire du député Camille de Rocca Serra.

J'étais attendu en Corse-du-Sud dans le village d'Ucciani pour une *merendella*. C'est au bout d'un bon kilomètre, sur la route montant à Ucciani, que je me rendis compte que celle-ci était bordée de voitures pare-chocs contre pare-chocs de part et d'autre de la chaussée. Plus je montais, plus les véhicules étaient en rangs serrés tandis qu'une foule colorée et joyeuse montait à pied. Je fus immédiatement reconnu avec enthousiasme. Je posais la question : « Mais que se passe-t-il d'aussi important pour qu'il y ait autant de voitures et de monde ? On se croirait à une arrivée d'étape du Tour de France. – Mais c'est pour vous, monsieur le président ! », me répondit-on en chœur. « Nous allons à la fête qui est organisée en votre honneur à Ucciani. »

Je n'en croyais pas mes yeux.

Cet accueil, l'apéritif et le repas resteront à tout jamais gravés dans ma mémoire, tout comme l'hymne corse, *Diu vi salvi Regina*, qui suscita un moment d'intense émotion. Il était le prélude à l'un des plus beaux concerts qu'il m'ait été donné d'entendre. Je répondis aussi aux longues interviews passionnées des journalistes de l'île. *Corse-Matin* et France 3 Corse ont relaté ces moments de manière inoubliable.

À 21 heures, j'arrivais à Cuttoli-Corticchiato pour une rencontre citoyenne. Compte tenu de l'heure tardive, je pensais ne rencontrer que le maire et quelques conseillers municipaux. Il n'en était rien. La mairie était déjà comble et une foule compacte attendait devant la porte. Après un discours du maire, d'une rare intensité, nous engageâmes un débat avec l'ensemble des participants, qui allait se poursuivre jusqu'à trois heures du matin.

À Bastia, quelques heures plus tard, je connus une euphorie incommensurable. Monsieur le maire vint me récupérer à l'hôtel, à 7 h 30, afin de rejoindre la mairie située une centaine de mètres plus loin. Pourtant je ne la vis pas. La foule se massant le long de notre parcours, un arrêt s'imposait dans chacun des cafés joyeux qui le bordait. À une vingtaine de mètres du but, ma directrice de campagne me signifia qu'il était 11 h 30, l'heure de partir dare-dare.

Nous avions mis plus de trois heures pour accomplir soixante mètres !

La plupart des caméras et micros des grands médias nationaux nous accompagnèrent la matinée durant. Ils semblaient prendre leur pied dans ce bain de foule aussi imprévu qu'enthousiaste. Mais, dans les jours qui suivirent, aucun média, sinon corse, ne fit état de ce moment intense de campagne.

La même situation s'était déjà présentée quelques jours plus tôt à Marseille. Elle se reproduira le lendemain à Saint-Denis. De l'avis des très nombreux journalistes présents, je venais pourtant d'y provoquer l'un des plus gros rassemblements de la campagne.

Je ne fus pas étonné d'apprendre les résultats exceptionnels que j'avais obtenus sur l'Île de Beauté, pas plus que je ne le fus de voir arriver, cinq semaines plus tard, trois députés indépendants au palais Bourbon. Ils représentaient le seul mouvement qui avait ouvertement participé à mon périple. J'enchaînais déplacements sur déplacements, tous empreints du même enthousiasme, mais il me fallait être à Paris où les grands plateaux TV s'enchaînaient à une vitesse vertigineuse. Un jour après avoir atterri à Villacoublay à 4 heures du matin, j'en ai enchaîné quatorze à la suite.

Le soir même je participai au seul grand débat auquel était convié l'ensemble des candidats.

Je me sentais très bien accueilli sur tous ces plateaux. Il se passait enfin quelque chose. Je savais pourtant qu'il était trop tard. Chacun avait choisi son *petit* Fillon, son *petit* Macron, son *petit* Mélenchon, son *petit* Hamon... Le vote utile triomphait. Je n'avais pas pu ou pas su y trouver place.

Cher compatriote, voyez-vous, je suis capable de parler de la joie communicative de ceux que je rencontre. Je me sens vivant. Je suis prêt à continuer à poursuivre la route et même à gravir des montagnes.

Fraternelle amitié,
J. L.

LE JAUNE :
COULEUR DE LEADER ?

LA VIE EN JAUNE

Lourdios-Ichère

Cher compatriote,

Vous vous souvenez que j'ai parcouru les routes de France loin de ma circonscription. J'ai même eu le prix du *Trombinoscope* de l'élu local cette année-là. Était-ce vraiment si local, la marche, les « Cahiers de l'espoir », le rapport remis aux instances politiques nationales ?

Aujourd'hui ce n'est plus le blé que l'on bat pour essayer de répondre à nos besoins les plus fondamentaux, mais le pavé parisien.

En Occident, le jaune est une couleur mal aimée depuis que l'habitude a été prise de représenter tous les judas de la terre affublés d'un vêtement jaune. Pour d'autres, le jaune est une couleur impériale. En psychologie des couleurs il se dit que le jaune illumine la vision et apporte à celui qui le contemple l'énergie nécessaire à l'éveil de sa conscience. Il représenterait le besoin de lumière et de clarté, le désir d'avoir une individualité propre, le besoin de réfléchir, de comprendre et d'analyser.

A priori venu de nulle part, apparu dans une tonitruante soudaineté apparente, le mouvement des Gilets jaunes tétanise la classe politique française et nos élites. Elles ont peur de la peur. Depuis plus de vingt ans, j'ai décrit à maintes reprises ses racines profondes mais, chaque fois, je me suis retrouvé au milieu d'un désert de réflexion et d'échange.

Dans cette « France périphérique », décrite par le géographe Christophe Guilluy, et même l'autre partie de notre pays, je n'ai entendu que des hommes et des femmes marqués par un sentiment d'abandon. Jour après jour, ils se sont faits à l'idée qu'ils n'existaient pas; invisibles mais coûteux, sans la moindre prise quant au futur de leur pays.

Par-delà les problèmes du quotidien, des fins de mois qui commencent de plus en plus le premier jour, un profond mal-être vous saute à la figure. Aucune sécurité financière, emploi précaire ou inexistant... Parents, enfants, grands-parents sont confondus dans une même préoccupation douloureuse. Ils s'inquiètent de l'avenir des jeunes générations.

Ils m'ont aussi dit et répété qu'être français n'avait plus de sens. Que toute notion d'avenir partagé est devenue vaine.

Si, au lieu d'asséner des réponses toutes faites, on se met en situation d'écoute compréhensive, des jaillissements émergent de récits désespérés ou révoltés.

Combien de fois ai-je entendu la joie des : « On est champions du monde de foot! On a deux étoiles maintenant. Quel plaisir de voir jouer ensemble cette France "black-blanc-beur" emportée par une même ferveur qui, soudain, nous a tous gagnés. »

Mais aussi des : « Vous voyez, monsieur le député, nous sommes capables de nous rassembler. C'est par millions que nous sommes descendus dans la rue après les attentats du Bataclan ! »

D'autres : « Ce pays est le nôtre. Il est autant à nous qu'aux élites. Nous allons les empêcher d'achever de nous détruire avec leurs taxes de réchauffement climatique, leurs privilèges exorbitants et leurs mensonges permanents. » Au milieu d'un raz-de-marée de désespoir, des voix s'élèvent avec la volonté de retrouver *leur* France et de reprendre la marche de l'histoire. Nos compatriotes ne demandent qu'à s'engager pour que notre pays redevienne une idée, un projet, des actions, un avenir.

Mon cher compatriote, vous m'avez si souvent parlé de l'émotion que vous ressentiez chaque fois que vous vous rendiez, tous les ans, à l'arrivée du Tour de France sur les Champs-Élysées ! Savez-vous quelle est la couleur du maillot le plus applaudi dans l'ascension du plus mythique du col des cols du Tour de France ? N'a-t-il pas la couleur du soleil et la blancheur immaculée des cimes ponctuée de larmes rouges de souffrance ?

Fraternelle amitié,
J. L.

LA VIE DES RONDS-POINTS

Lourdios-Ichère

Cher compatriote,

Lorsque mes enfants m'ont soumis les premières déclarations des Gilets jaunes, j'ai immédiatement pressenti l'événement considérable qui se produisait : nous étions en présence d'un élan d'inspiration révolutionnaire. Ce coup-ci, cette affaire irait très loin. À tous ceux qui ont bien voulu m'entendre, j'ajoutais qu'il s'agissait d'un nouveau trait de génie, celui d'un peuple à nul autre pareil.

Les Français adorent la politique autant qu'ils haïssent la classe politique. Les Gilets jaunes font brutalement irruption dans un élan d'engagement auquel plus personne ne croyait. Ils veulent reprendre en main la destinée du pays. C'est en cela qu'ils constituent un gigantesque défi. Ils sont l'histoire de France venant attraper par le col les soi-disant élites au pouvoir. Le peuple attend de ses dirigeants autre chose qu'une régression perpétuelle; il en attend un courage, une détermination face au pouvoir financier spéculatif.

Je me suis rendu à la toute première manifestation, un samedi, à Oloron-Sainte-Marie. Sur le premier rond-point, on m'invita à me rendre sur les autres lieux de rassemblement. Un jeune homme m'invita sur sa mobylette et m'entraîna dans une tournée au caractère à la fois solennel et festif. À partir de ce rond-point, on souhaita me transporter vers un troisième, en m'embarquant sur une immense remorque attelée à un tracteur et dans laquelle une bonne trentaine de personnes avait déjà pris place. Elle avança sous les vivats !

Dès le premier jour, j'invitai des collègues députés, bien embarrassés, à se rendre immédiatement sur les ronds-points de leur circonscription. Je savais déjà que s'ils investissaient eux aussi massivement ces lieux, le mouvement prendrait l'accent de retrouvailles.

Je suis repassé à toute heure du jour et de la nuit sur les ronds-points d'Oloron, comme dans bien d'autres, à l'entrée des autoroutes ou à travers toute la France. C'était partout pareil.

L'hiver s'installant, il fallait construire des abris de fortune. Je les ai vus se construire avec savoir-faire, passion et enthousiasme. Un peu plus tard, certains se sentaient plus à l'aise dans un espace public, ni couvert ni fermé. À mesure que le mouvement était discrédité, la question de la légitimité de ces constructions éphémères a commencé à se poser. Bientôt les premières constructions furent abattues.

J'y ai rencontré des hommes et des femmes venus de toute la région et appartenant à toutes les catégories sociales. Bien que spontanée et sans le moindre repère, l'organisation faisait son chemin dans une ambiance bon enfant.

Les Gilets jaunes se retrouvaient autour des ronds-points, à la périphérie de la ville. D'emblée, ce mouvement m'a marqué : c'était la réappropriation de l'espace public par le peuple. Il s'agit là de l'espace commun, de la « commune », rétablie dans sa signification première; les lieux de tous, la possession de personne, endroits de passage où a priori il ne viendrait à l'idée de personne d'engager une réflexion. C'est là où convergent toutes les routes, dans des zones de circulation et d'échange. Ce mouvement incessant se voit soudain changé par une présence humaine bienveillante, et non contraignante, au sein de laquelle les conditions de l'échange s'établissent immédiatement.

Le caractère aussi incongru qu'imprévisible de ce regroupement de personnes d'horizons différents et aux préoccupations diverses peut alors faire émerger les conditions d'une intelligence collective, susceptible de recréer le vivre ensemble et d'évoquer des problèmes que l'on dit sans solutions et qu'on n'ose plus évoquer avec personne.

Il existe un lien profond entre la commune et les organes centraux de la république : tous deux forment les extrémités d'une longue chaîne. D'ailleurs les deux mots font émerger un sens proche.

La commune, c'est notre espace de vie dans ce qu'il possède de solidaire, le plus petit ensemble de la vie communautaire, non pas fermé sur lui-même mais en lien avec les autres, car terre d'accueil et d'échange. Son échelle locale renvoie à l'universel.

Quant à la république, elle n'est autre que la chose publique dans son entité la plus large. L'État et la république incarnent donc également l'universel. Par leur présence dans nos vies, elles sont le local, notamment à travers les services publics. Dans l'esprit des Français, les deux notions sont étroitement associées et pour beaucoup, les mots de « Commune de Paris », comme moment révolutionnaire de fusion des échelles locale et nationale, demeurent un symbole hautement parlant.

Les Gilets jaunes ont bien compris le caractère crucial de l'occupation de l'espace comme vecteur d'un échange local et universel. Ils en ont recréé les conditions en s'installant sur les ronds-points. Si Salvador Dalí pensait que la gare de Perpignan était le centre du monde, les Gilets jaunes l'ont implanté, symboliquement, sur un rond-point des Pyrénées-Atlantiques, de la Nièvre ou encore de la Creuse. Ce que les meilleurs communicants du monde n'auraient su imaginer, les Gilets jaunes l'ont inventé, avec l'inspiration et la détermination de ceux qui n'ont plus peur.

Ils souffraient d'un éclatement de la société en tant que communauté solidaire. Ils ont inventé des lieux réunissant les personnes les plus diverses. Le rond-point comme agora.

Les Français ne s'y sont pas trompés.

Dans les débuts du mouvement, les Gilets jaunes ont suscité l'adhésion à près de 80%. Ce mouvement d'inspiration révolutionnaire refusait toute politisation ou reprise en mains par un quelconque parti. La dimension anthropologique de leur révolte allait au-delà des étiquettes politiques, des tentatives de récupération, des intérêts catégoriels. Elle parlait à l'immense majorité du peuple français, également consterné par notre déclin en tant que Nation. Elle évoquait sans le dire sa préoccupation devant notre changement de génome programmé puisqu'entièrement livré à la puissance de la finance et non plus de l'homme.

Aussi, dans ma relation avec les Gilets jaunes, je me suis toujours tenu à la mission qu'ils s'assignaient à eux-mêmes : se réapproprier en bien commun l'espace public.

D'où mon respect pour leurs revendications, malgré les nombreuses sollicitations dont je devais plus tard faire l'objet.

Si ce mouvement a pu durer aussi longtemps, c'est parce que la microsociété des ronds-points renvoyait à la société tout entière. D'emblée, des codes de bon fonctionnement s'y sont imposés. On y retrouvait le charme du vivre ensemble, des jeunes découvrant des grands-pères qui n'étaient pas forcément les leurs mais qui leur parlaient de leurs vies singulières, du passé et du présent. Les grands-pères redécouvraient des petits-fils, ainsi que le caractère éternel de la jeunesse. Ces jeunes leur parlaient présent et avenir, rêves et espoirs. Ils disaient leur rupture avec notre monde.

Des femmes étaient là aussi très nombreuses, et de tous âges. Certaines élevaient seules leurs deux ou trois enfants, avec comme unique ressource le système D. D'autres vivaient seules. Certaines enfin s'absentaient de leur famille dans le seul but de militer et de témoigner. Elles se retrouvaient dans un même élan : celui de redonner du sens à l'humanité.

Samedi après samedi, les observateurs ne cessaient de s'interroger sur la puissance du mouvement et sa durée. Ils se demandaient aussi d'où venaient la capacité d'organisation et d'inventivité renouvelée, la force de sa cohésion malgré l'absence de leader ou de commandement organisé. Ils n'ont pas saisi la force d'un peuple qui se retrouve dans sa diversité, avec une même volonté et une même énergie.

J'ai également noté une concentration étonnante de têtes grisonnantes ou blanches, rarement autant présentes dans un mouvement militant. Parmi eux, des ingénieurs, des enseignants, des chefs d'entreprise, des penseurs, des militaires, des ouvriers, des « vous et moi » empreints de leur propre expérience de vie, des chômeurs. Ils n'avaient pas oublié leur savoir-faire en matière d'encadrement et d'organisation.

La fin du monde, disaient les Gilets jaunes en un raccourci que je trouve génial, c'est sans doute préoccupant, mais nous, on vous parle de fin du mois. Ils illustraient ainsi que toute idéologie, même la plus fondée, nécessite pour se déployer autant un ventre plein qu'une tête bien faite, comme le prétendait maladroitement Maslow.

La vérité est que les Gilets jaunes ont accompli un travail gigantesque : remettre l'attention et le discours sur les problématiques du quotidien. « Simple, basique » comme le chante Orelsan. Ils ont soulevé le couvercle de la marmite et mis au jour les béances de la société française : hausse des taxes du quotidien, destruction de l'ascenseur social, relégation des personnes en souffrance aux marges de la société, disparition des services publics, déserts suburbains et ruraux sans cesse accrus.

Tant de fractures et d'inégalités, de sacrifices et de fiscalités toujours plus lourdes pour le peuple, tandis que les nantis s'exonèrent en s'exilant ou en optimisant leurs impôts, bénéficient de largesses et de privilèges exorbitants.

Une double exigence a très vite prédominé dans ce mouvement : celle de liberté et d'égalité. Se retrouvait alors la vieille histoire d'un peuple sensible aux valeurs fondatrices de la république. Les Gilets jaunes se sont mis en mouvement parce qu'ils n'avaient plus d'interlocuteurs et que l'espace public ne leur offrait plus de projet lisible et crédible. Eux-mêmes se vivent souvent comme des êtres relégués à la marge. Dans des friches où l'on a construit des pavillons loin de tout, sans âme villageoise ni vie communautaire.

Le mouvement a également montré son caractère original en n'oubliant pas le troisième principe de notre devise républicaine. Avec la liberté et l'égalité, les Gilets jaunes ont incarné la fraternité, matérialisée par la nécessité d'échanger autour d'un verre ou d'un barbecue. J'y ai retrouvé ma passion du débat et des heures passées à développer et échanger sa pensée, sans la dictature de la fausse expertise technocratique.

Point n'est besoin de *thinktank* et d'études pour comprendre ce qui se passe. Il suffit d'aller sur place, de rencontrer les gens avec l'esprit ouvert et à l'écoute. La modélisation viendra après.

Il n'existe pas de vraie et de fausse France, mais assurément sur les ronds-points, on croisait *la* France.

Cher compatriote, dans notre quotidien, la personne portant gilet jaune n'est-elle pas la personne à qui l'on doit porter attention ? Je crois viscéralement qu'il est temps de faire de même au plus haut sommet, et pas seulement de façon incantatoire.

Fraternelle amitié,
J. L.

RASSEMBLER LES FRANÇAIS

Lourdios-Ichère

Cher compatriote,

J'ai cru déceler un léger courroux dans votre dernière correspondance. Vous m'expliquez avec une vigueur dont vous n'êtes pas coutumier que les Gilets jaunes sont loin de faire l'unanimité. Vous me dites que j'exagère, une fois de plus, et que ce faisant je meurtris ceux qui comme vous ne s'y retrouvent pas.

Je crois comprendre le sentiment qui vous anime. Il est douloureux. Il est à la hauteur de l'histoire.

Le 21 novembre 2018, alors que le mouvement s'enracinait sur l'ensemble du pays, j'ai revêtu un gilet jaune dans l'hémicycle de l'Assemblée nationale. Ignorant les remontrances de Richard Ferrand (« Monsieur Lassalle, veuillez ôter ce gilet jaune! Allez manifester ailleurs »), comme l'intervention des huissiers, j'ai conservé mon gilet jaune jusqu'à la suspension de séance. Lorsque le moment me sembla venu, je quittai l'Hémicycle. L'ensemble du groupe La France Insoumise sortit aussi.

Je vis d'autres députés se lever et applaudir en signe de solidarité.

Nous étions en pleine séance de questions d'actualités et je savais que le ministre de l'Intérieur était chargé de porter ce qu'il pensait être un coup fatal au mouvement. J'étais convaincu que c'était bien la dernière chose à faire. Au moment d'endosser le gilet, j'étais serein et habité par cette volonté de rassembler les Français, ceux qui portaient un gilet jaune et ceux qui n'en portaient pas. Je sentais qu'il fallait poser un acte symbolique, dépasser ce face-à-face tragique et retrouver le désir de vivre ensemble. L'opinion les soutenait alors de façon massive, ce qui en dit long sur la profondeur de la crise qui secoue notre pays.

Et puis, si une initiative de conciliation doit être posée, c'est bien dans le lieu où s'incarne la représentation nationale. Il me semblait nécessaire de montrer symboliquement que les Gilets jaunes, que l'on soit pour ou contre, appartenaient à la « communauté nationale ».

L'amende que Richard Ferrand, président de l'Assemblée nationale, m'a infligée publiquement a été appliquée. 1500 euros ont été soustraits de mon traitement de parlementaire. Je m'en suis acquitté et j'ai reçu environ 900 euros de dons, un nombre important de citoyens voulant me signifier leur soutien face à une amende considérée comme injustifiée.

Quelques mois plus tard, j'ai eu l'occasion de m'en entretenir avec lui. Je le connais de longue date. Nous avions eu l'occasion d'échanger lors de la dernière législature, et nous nous étions trouvés de nombreux points communs. Revenant sur mon acte, il me confia ne pas avoir eu d'autre choix que celui de me sanctionner. Je lui ai répondu : « Je comprends ce que tu me dis mais ce n'est pas mon opinion. Tu sais que l'histoire laisse des traces. Il est impossible de dire ce qu'elle retiendra de nos deux attitudes réciproques. Mais je préfère être à ma place qu'à la tienne car j'aurai posé à l'Assemblée nationale un acte évoquant clairement un mouvement soutenu à cette époque par 80 % des Français. Tu auras, pour ta part, contribué, bien malgré toi, à accréditer l'idée qu'à ce moment-là la seule réponse réellement apportée fut : sanction à tous les étages ! »

Je n'ai pas apprécié non plus son attitude à l'occasion de l'unique intervention de cinq minutes qui me fut attribuée. Lors de cette prise de parole, je m'efforçai d'expliquer pourquoi je pensais qu'il n'y avait pas lieu d'avoir peur, qu'il fallait plutôt saisir l'opportunité d'échange qu'offrait ce mouvement plutôt que de le combattre. Il était l'expression d'un peuple qui, n'en pouvant plus, réagit et résiste comme l'a fait Paris à tant d'occasions au cours de notre histoire. Je fredonnai « Et Paris se mit en colère… Et Paris se mit en colère… ». Puis je murmurai aussi *Le Chant des partisans*, les campagnes de France n'ayant pas été en reste dans les moments cruciaux de notre histoire. « Monsieur le président vous n'aviez pas le droit de m'interrompre et vos mots ne furent pas à la hauteur en pareille circonstance. – Nous ne sommes pas au music-hall, cher collègue. »

À ce moment-là, mon dessein était une fois encore de nous réunir dans l'aspiration la plus exaltante que fut toujours celle du peuple souverain. Dans l'esprit de la Déclaration des droits de l'homme et du citoyen.

Cher compatriote, peut être ces quelques lignes ne vous feront pas changer d'idée. La confiance qui nous unit m'a fait obligation de vous les écrire. Je suis d'accord avec vous, l'histoire ne s'écrit jamais à chaud. Elle ne s'écrit pas non plus tant qu'on n'en connaît pas encore le dénouement. Que voulez-vous, je suis député, je dois au moins assumer l'obligation qui m'est faite de vous raconter ce que je vis et ce que j'en pense.

Fraternelle amitié,
J. L.

AU CŒUR DU MOUVEMENT DES GILETS JAUNES

Paris

Cher compatriote,

Vous continuez à ne pas comprendre ce que je fais dans ce que vous appelez « la galère des Gilets jaunes ». Vous estimez que je ne suis pas à ma place. Le rôle d'un député, me dites-vous, n'est pas de coller aux faits divers pour tenter d'en tirer profit et se faire valoir. Vous m'expliquez aussi que vous rencontrez de plus en plus de gens qui trouvent que l'histoire des Gilets jaunes n'a que trop duré et que, dites-vous, « ça commence à bien faire ! ». Les commerçants de Paris sont excédés : ils ne travaillent plus. Vous concluez sur le préjudice considérable que cette affaire coûte à notre économie et porte à l'image de notre pays à l'étranger. Je sens pointer votre agacement dans votre toute dernière phrase : « D'ailleurs toutes les télés disent la même chose. Ce désordre doit cesser. Les policiers de notre pays ont autre chose à faire que d'aller surveiller au risque de se faire blesser. Tous ces tire-au-flanc que nous nourrissons avec nos impôts sont devenus violents et dangereux ! »

Au cours des semaines qui suivirent, mon opinion n'a pas varié malgré les débordements au cœur de plusieurs grandes villes et une couverture médiatique visant à discréditer le mouvement.

J'ai jugé de mon devoir d'observer de près ce mouvement pour en comprendre les ressorts. D'accord ou pas avec ce qui s'y déroulait, je voulais voir par moi-même. Plusieurs samedis de suite, les forces de l'ordre m'ont empêché de me rendre sur les Champs-Élysées.

Chaque tentative se déroula de manière identique. Je partais à pied de l'Assemblée nationale et me trouvais bloqué à l'entrée ou à la sortie du pont de la Concorde. Les fonctionnaires de police me répondaient toujours avec beaucoup d'égards, mais me disaient qu'il leur était impossible de me laisser passer. Tout en leur rappelant que je respectais leur mission, je leur signifiais qu'un député de la Nation devait pouvoir se rendre sur chaque parcelle de notre territoire, quels que soit les circonstances et les actes s'y déroulant.

À chaque fois mes interlocuteurs s'absentaient quelques minutes pour consulter leur hiérarchie à l'intérieur des bus. Pratiquement à chaque fois des officiers vinrent à ma rencontre : « Ce sont les ordres, monsieur le député ! Nous n'avons absolument pas le droit de vous laisser passer. » L'un d'entre eux me confia même : « C'est plus explicite, c'est surtout pas de député Lassalle. » Ils terminaient en ajoutant « Cela peut varier selon les secteurs. Allez donc voir un pont plus loin. »

Un pont plus loin, même situation, même réponse. L'un des samedis, je crus pouvoir expliquer publiquement mon cas. BFM TV et LCI m'appelaient à cor et à cri sur mon portable et sur celui de la militante m'accompagnant. Ils voulaient me recevoir pour un direct. Les deux m'envoyaient un taxi à deux horaires différents. Les uns souhaitaient que je m'exprime à 11 heures, les autres à 12 h 45. Les points de rendez-vous furent clairement arrêtés.

L'un des taxis n'arriva jamais. Quant à l'autre, il me conduisit dans un studio où manifestement on n'avait plus besoin de mon témoignage. Il me fut gentiment expliqué que la présentatrice avait pris beaucoup de retard sur le programme. Elle se bornerait donc à ne me poser qu'une question sur la manifestation du jour.

Trois minutes plus tard, j'étais déjà dehors ! Je me rendis successivement aux Invalides, au Champ-de-Mars et place de la République, lieux qui étaient officiellement recommandés aux manifestants. Je fus très chaleureusement accueilli partout. Au Champ-de-Mars comme ailleurs, des Gilets jaunes me confiaient, tantôt en me murmurant à l'oreille, tantôt haut et fort : « Merci monsieur le député, vous êtes le seul à nous comprendre réellement ! Nous ne supportons plus d'être tenus à l'écart, nous sommes des Français comme les autres. »

J'ai passé le week-end entier à Paris. Je pressentais un moment grave dû à l'absence de discernement du président et du gouvernement, accentuée par la cascade de petites phrases aussi sottes qu'inutiles de plusieurs ministres.

Le samedi 1er décembre fut la première journée de terribles affrontements. Une fois de plus, je n'avais pas réussi à pénétrer sur les Champs. Quant à mon frère Julien, il s'y trouvait depuis la veille au soir, venu pour y vendre du fromage. Il avait disposé son stand là où on l'avait autorisé à le faire. Pour la première fois des groupes restèrent à Paris le samedi soir, laissant présager une poursuite des affrontements le dimanche. C'est au cours de cette même nuit que mon frère m'appela vers 3 heures du matin : « Je trouve cette nuit bizarre. Tout est calme mais je vois des groupes d'hommes se déplacer furtivement. Il règne une ambiance pesante. Toutes les vitrines alentour sont barricadées. Je crains que demain ça tourne mal. » Or mon frère n'est pas de nature à tenir de tels propos à la légère.

Il ne croyait pas si bien dire.

Ce samedi 1er décembre fut apocalyptique. De violents affrontements eurent lieu tout le long des Champs-Élysées. Les faits les plus graves se déroulèrent à la hauteur de l'Arc de Triomphe, autour duquel des manifestants s'étaient massés et se retrouvèrent bloqués. L'Arc de Triomphe fut lui-même le théâtre de violents affrontements. L'ensemble du monument fut tagué et vandalisé, la partie musée saccagée.

Le dimanche matin, vers 10 heures, je vis les véhicules de police et de gendarmerie commencer à quitter l'Assemblée. Tôt le matin, je regardai la télévision et appris que le président de la République, revenu précipitamment du G20 de Buenos Aires, se rendrait sur les Champs-Élysées vers 11 heures pour procéder à un état des lieux.

Tout au long de ce dimanche je fus habité par ce sentiment que nous tutoyions le pire. Le lundi matin, 3 décembre, je fus réveillé à 5 heures par des sirènes hurlantes. J'ouvris ma fenêtre, dont la vue balaye le pont de la Concorde, et entrevis ce qui me sembla être un immense rassemblement d'ambulances. Ce sont leurs feux rouges arrière que je distinguai le plus nettement. Je me levai pour me rendre sur place. J'avais passé une partie de la nuit à échanger avec quelques leaders Gilets jaunes.

J'assistai ensuite à l'arrivée d'une multitude d'ambulances et de camions de secours qui prirent place sur le pont. Quelques-uns de leurs occupants m'annoncèrent leur volonté d'occuper ce pont stratégique toute la journée. Une pluie fine tombait, je n'étais pas très couvert. Estimant qu'il n'allait rien se passer dans l'immédiat, je retournai au bureau pour y terminer ma nuit. Vers 9 h 30, je retournai sur les lieux. Le pont était entièrement bloqué par des véhicules de secours.

C'est là que je fis la connaissance d'un ambulancier de Lozère, Christophe, dont je saisis tout de suite la fibre de leader. Il m'invita à l'intérieur d'un véhicule de secours pour m'associer à leur casse-croûte : saucisson, jambon, pâté, fromage, un bon verre de vin. Il me fixa dans les yeux et me dit : « Monsieur le député je vais vous expliquer pourquoi nous sommes ici, bien décidés, une fois pour toutes. Nous vivons une *ubérisation* accélérée de notre profession. Elle nous conduit tout droit à la catastrophe. Je veux vous parler de l'article 80 de loi de financement de la Sécurité sociale. » Il poursuivit : « Il permet aux hôpitaux et cliniques privées, qui sont nos principaux clients, de choisir leurs ambulances en procédant par appel d'offres, mettant ainsi en concurrence les toutes petites entreprises d'ambulances et de secours face à des mastodontes en voie de constitution. Je vous explique : nous sommes actuellement 5 500 petites et moyennes entreprises dans ce secteur. Nous avons 65 000 salariés. Si nous laissons faire il n'y aura plus que trois ou quatre grosses entreprises sous le contrôle de Veolia, Ulysse, une filiale de la SNCF... Imaginez-vous le nombre d'emplois qui vont être sacrifiés. Et la différence de prise en charge du patient qui se retrouvera entre des mains pressées d'en finir. Accablées de travail, elles ne disposeront plus du temps nécessaire à une prise en charge humaine. Nous sommes 2 000 chefs d'entreprise de toute la France à avoir fait ce déplacement et à être présents sur ce pont, accompagnés de la plupart de nos collaborateurs : infirmiers, aides-soignants, chauffeurs. Le pire c'est que vous, députés, vous allez voter le projet de loi de financement de la Sécurité sociale 2019 qui entérinera cette décision. Il faut à tout prix éviter cela. »

En sortant de l'ambulance j'aperçus deux de mes collègues de La France insoumise : François Ruffin et Alexis Corbière. Nous nous saluâmes en nous accordant sur le fait que cette journée allait être mouvementée. Mon hôte nous entraîna, Alexis Corbière et moi, sur le pont. Les visages étaient fermés. La vision de tant d'ambulances et de voitures de secours prenait un caractère spectaculaire et surréaliste. Il me sembla que beaucoup de radios et télévisions étaient présentes. Certains journalistes bataillaient ferme pour ne pas se faire expulser des lieux.

Mon guide lozérien reprit les explications : « Il faut que vous compreniez bien pourquoi nous sommes là. Madame Buzin a catégoriquement refusé notre participation à une réunion organisée avec nos syndicats. Mais nous devons y participer. » Ils étaient à bout. Une fois de plus, la télévision russe fut la seule à m'interviewer. Je fus vite interrompu par mon ami de Lozère : « Monsieur Lassalle, monsieur Lassalle, venez vite! Il faut finir de traverser le pont en courant avant qu'ils ne chargent. »

Un rideau de responsables s'était déployé à cinq mètres face aux forces de l'ordre, casques rabattus et boucliers en position de combat. Les haut-parleurs procédaient aux dernières sommations avant d'égrener le compte à rebours. J'eus l'idée de parcourir les quatre ou cinq mètres qui me séparaient des forces de l'ordre. Je sentis alors un petit souffle d'incompréhension chez mes amis ambulanciers : ils ne souhaitaient pas d'affrontement.

Le premier policier que j'abordai marqua un temps d'arrêt. Il regarda à droite puis à gauche vers ses amis et leva son casque. Il enleva son gant et serra la main que je lui tendais, puis je saluai l'ensemble des hommes de première ligne.

Progressivement ils relevaient tous leurs casques. Je les trouvai bien jeunes. Ils étaient blêmes, le regard hagard. Ils n'avaient manifestement aucune envie de se battre. Deux d'entre eux, des officiers, s'approchèrent de moi. Ils m'expliquèrent qu'ils avaient reçu l'ordre de charger. Après les événements de la veille, on ne pouvait tolérer qu'un point aussi névralgique reste bloqué. Je demandai à mes amis ambulanciers de s'approcher, puis m'adressai aux uns comme aux autres :

« Ce que nous allons vivre et ce que vous allez faire, bien contre votre gré, est grave et lourd de conséquences. La France aura du mal à comprendre. Voir s'affronter des policiers et gendarmes et des ambulanciers, les premiers chargés de protéger au quotidien les seconds ; les seconds chargés de secourir les premiers au moment où leur vie peut basculer. Voir se livrer un tel combat fratricide et sanglant, c'est insupportable. Vous ne pouvez pas faire ça, ni les uns ni les autres, dans le contexte que nous venons de vivre ce week-end. »

Je gagnais du temps tandis qu'aux haut-parleurs répondaient des centaines de sirènes hurlantes. Le contexte était pour le moins anxiogène. Soudain, les haut-parleurs intimèrent aux forces de l'ordre « Repos ! ». Je restai longuement avec ces hommes qui fraternisaient. Mon tout nouvel ami lozérien s'avérait un formidable diplomate. Un homme de courage, doté d'une solide détermination.

Il était midi quand le groupe commença à se disperser. Je retournai alors au bureau pour m'imprégner du texte dont nous devions débattre le soir même. Avant de les quitter, certains me rassurèrent : « On vous rappelle si ça se complique de nouveau ». Vers 14 heures, alors que je m'apprêtais à faire une courte sieste, le téléphone sonna. Le front s'était reconstitué et les premières escarmouches éclataient.

Je repris mon exercice du matin qui fut plus compliqué car l'échange de coups avait commencé. J'entendis des policiers s'exclamer : « Attention, attention, un député est là ! » Progressivement les coups cessèrent. Les ambulanciers allaient tenir le pont et la place toute la journée.

À 17 heures, le débat battait son plein dans une Assemblée nationale bunkérisée. J'y retrouvai les collègues de La France insoumise. Ils montèrent vigoureusement au créneau contre l'adoption d'un budget qui entérinait la mise en concurrence de nos services ambulanciers. D'autres contestations se levèrent des groupes d'opposition. Pour ma part, je voulais insister sur l'impératif de calmer le jeu, afin d'éviter le pire après ce week-end chaotique. Je ne fus jamais autorisé à prendre la parole.

À 19 heures, l'Assemblée vota sans coup férir par quarante-huit voix contre trente-deux.

Je me rendis immédiatement sur le pont où les ambulanciers faisaient mouvement. Une demi-heure avant le vote, la ministre de la Santé leur avait fait savoir que s'ils acceptaient de quitter le pont, elle les recevrait en délégation. Ils avaient obtempéré, croyant à un geste de bonne volonté. J'appréciai l'ordre impeccable dans lequel s'organisait ce repli. Je mesurai le long cortège qui s'ébranlait, tandis que les forces de l'ordre prenaient position sur l'ensemble du pont libéré.

Ils ne furent jamais reçus. Une demi-heure plus tard, j'entendis deux violentes explosions. Retournant sur les lieux, je vis un nouveau flot d'ambulances. Furieux face à l'attitude de la ministre, ils avaient mis le feu à deux de leurs véhicules.

J'ai tenu à raconter par le détail ce week-end. Il a pesé lourd dans l'escalade de la violence. J'ai compris ce jour-là, surtout après le vote, que le président et le gouvernement avaient choisi la politique du pire : celle de la montée en puissance de l'affrontement qui finirait par discréditer le mouvement. Nous avons perdu là une belle occasion de commencer à réconcilier la France avec elle-même et de donner à ces événements une tournure radicalement différente.

Trois ans auparavant, avec deux collègues, j'avais tenté de m'interposer devant cette même Assemblée nationale. Le face-à-face opposait alors les maires ruraux de France aux forces de l'ordre, chargés de s'interposer entre eux et l'Assemblée nationale. Les élus, ceints de leurs écharpes tricolores et mains nues, se firent violemment matraquer. Cette séquence terrible ne fut reprise par aucun média.

Enfin, le 15 octobre 2019, ce furent les pompiers qui subirent le même sort. Ne soyons pas angéliques. Les débordements actuels, l'immense détresse, le doute insidieux gagnant tant de ces hommes incarnant la République, ne sont pas arrivés seuls ni par hasard.

J'ai senti combien, dans leur majorité, les aspirations des Gilets jaunes et des forces de l'ordre étaient les mêmes. Ils ne voulaient pas s'affronter mais exprimer leurs inquiétudes et leurs colères. Parmi les forces de l'ordre, y compris les officiers, beaucoup se confiaient pour exprimer leurs doutes et leur malaise.

Dans les très rares médias m'ayant invité, je rappelais sans cesse ce que ce mouvement disait. Il dévoilait bien plus des conditions de vie d'une majorité des Français que ce que nous, parlementaires, n'avions jamais su faire ou eu le courage d'exprimer. À cette même époque, j'écrivis à plusieurs reprises au président de la République pour lui suggérer de dépassionner la situation. Je l'exhortais à prendre immédiatement en compte quelques-unes des revendications tels que le référendum d'initiative citoyenne (RIC) et le vote blanc. Il fallait enfin voter cette loi que nous avions examinée à deux ou trois reprises sans qu'elle ne soit jamais soumise à nos suffrages. Reconnaître et comptabiliser les votes blancs ne coûtait pas un centime d'euro. Bien sûr le prix à payer eût été de voir ce vote arriver largement en tête des scrutins à venir.

Aussi suggérai-je au président de répondre positivement à la revendication du RIC. Nos citoyens ont soif d'engagement et de politique, d'une société meilleure, d'une démocratie digne de ce nom. D'autres rétorquent que le RIC est un outil antidémocratique, dangereux et inadapté à nos sociétés complexes. Ce postulat est classique et un des arguments contre le RIC : le peuple est incompétent, hypnotisé par des populistes dangereux. Désinformé depuis des décades, il ignore pratiquement tout des grands enjeux de notre temps. Il irait forcément à l'encontre de l'intérêt général et des libertés.

Les tenants de cet argument refusent d'admettre qu'une certaine radicalité, effrayante, découle du sentiment de ne pas avoir voix au chapitre. Quand personne ne nous écoute, on hurle, on manifeste et on se perd dans la violence aveugle.

Cette radicalité est consubstantielle à la marginalisation hors du champ du débat public et de la prise de décision politique. Plus on laisse les gens réellement décider de leur avenir, plus ils se comportent de manière responsable et équilibrée. Réduire ce formidable élan populaire aux violences et à quelques profils extrémistes, constitue non seulement un mensonge, mais aussi une trahison des élites.

Rien n'a été laissé au hasard : on a traité les Gilets jaunes de boulangistes, fascistes, gauchistes violents, antisémites, racistes, manipulés et forcément dangereux. Toutes ces assignations maléfiques visaient à discréditer le mouvement, à en nier la dimension populaire et spontanée. Elles trahissaient la peur de nos élites.

Cher compatriote, je crains que nous n'arrivions pas à nous comprendre à propos du mouvement des Gilets jaunes. Ils furent les révélateurs d'un pouvoir aux abois. Ce moment de notre histoire est loin d'être terminé. Il montre à quel point nos sociétés ne sont pas prêtes à faire face à des situations pourtant déjà connues dans un contexte différent. Comment pouvons-nous rester aussi démunis devant une aspiration soudaine du peuple ? Nous nous révélons incapables d'en comprendre les ressorts, ne disposant pas des mots adaptés au dialogue, et encore moins d'une méthode ou d'une volonté de médiation. Est-ce la peur due à la méconnaissance du peuple français qui conduit à éviter le dialogue, à ne pas offrir de perspectives pour sortir « par le haut » de cette situation ?

La seule manière d'en finir avec ce mouvement était donc de l'abattre. Pour ce faire, on a une fois de plus déployé les vieilles ficelles de la répression violente et de la marginalisation des leaders.

Fraternelle amitié,
J. L.

DIVISER POUR MIEUX RÉGNER

Paris

Cher compatriote,

Une dernière lettre sur ce sujet. Vous l'avez compris, le système a eu raison des manifestations de ce mouvement sans avoir pris le soin de se pencher sur ses causes profondes et en faisant mine de les ignorer. C'est bien aussi pour cela, mon ami, que vous avez le sentiment d'être « un Français aphone ».

Lorsque le fruit a été mûr, une campagne de propagande suffit à discréditer les Gilets jaunes. Nous sommes devenus une société de la peur, du clivage et non plus du débat apaisé où l'on accueille l'ensemble des points de vue quels qu'ils soient. Plus de confrontation, seulement une prise en considération des intérêts individuels que nous nous attachons à préserver dans un consensus mou, le plus souvent en distribuant des miettes de-ci de-là, en arrondissant quelques angles. Qu'avons-nous retenu de tant d'expériences, qu'avons-nous appris ? Comment continuer à donner des leçons de morale et de conduite avec un bilan indigne de notre pays ? Selon les divers bilans établis, plus de 3000 blessés chez les manifestants et les policiers, plus d'une vingtaine éborgnés et cinq qui ont eu la main arrachée.

Des arrestations arbitraires, des violations du droit de manifester, une procédure pénale malmenée et une violence physique hallucinante. Il ne s'agit pas de dire que certains débordements violents ne devaient pas être réprimés. Mais d'affirmer que l'ultraviolence, notamment l'usage du LBD, a participé d'une stratégie de terreur destinée à briser le mouvement. Savoir que l'on peut perdre la vie, un œil ou une main en allant exercer sa liberté constitutionnelle fait réfléchir les gens. Les morts et les blessés des Gilets jaunes ont été sacrifiés au nom du maintien d'un ordre injuste.

L'histoire est là pour que nous la regardions en face et que nous nous en servions comme d'une richesse. Elle est utile pour comprendre les choix effectués, éviter de reproduire les erreurs, s'inspirer et adapter les solutions : *antiquitas* et non *vetustas*. Bref elle est là pour nous accompagner à faire de l'avenir quelque chose de meilleur. J'ai demandé qu'une commission d'enquête parlementaire soit constituée pour comprendre ce qui s'est passé et qui continue. Est-il besoin de dresser aussi sauvagement les manifestants, brusquement désignés comme des voyous, contre des policiers ? La lumière doit être faite sur ces événements.

Le 16 novembre 2019, j'ai participé à la manifestation qui célébrait la première manifestation des Gilets jaunes. J'ai aussi participé à la plupart des manifestations contre la réforme des retraites. Aujourd'hui comme en 2018, l'immense majorité des manifestants et des forces de l'ordre n'ont aucune envie d'en découdre violemment. Pourtant cela se produit selon un rite désormais immuable. Une dizaine d'individus surgissent, toujours habillés de noir, visages masqués ou grimés en noir. Ils sont connectés les uns aux autres par oreillettes et micros. Ils sont aussi équipés que les forces de l'ordre. La moitié d'entre eux revêt des Gilets jaunes et s'en prend violemment aux policiers. Les autres, tout de noir vêtus, attaquent avec la même virulence un groupe de Gilets jaunes. Trente secondes après, la rue est devenue champ de bataille. Je souhaite que cette commission d'enquête permette d'établir qui sont ces trois cents black blocs. Qui les équipe ? Comment arrivent-ils parfois en portant une immense oriflamme noire pour être certains de ne pas passer inaperçus au cœur de la manifestation ? J'ai demandé à de hauts gradés de la police et de la gendarmerie qui les voyaient défiler en cortège comment et pourquoi ils étaient toujours là. Ils m'ont répondu : « Nous les avons contrôlés à l'entrée du périmètre, selon les instructions reçues : ils sont tous en règle. » J'éprouve trop de respect pour la parole de ces hommes d'honneur pour la mettre en doute. Mais alors comment se fait-il que depuis bientôt un an et demi ces individus continuent à disposer de papiers en règle à l'entrée de ces manifestations ? Cette question est à mes yeux la seule qui vaille pour évoquer les dérapages systématiques de ces rassemblements. Chacun sait qu'ils mettent non seulement en danger le droit de manifester, mais aussi la volonté d'y participer.

Il m'arrive très souvent d'être chaleureusement accueilli par l'ensemble des manifestants et des personnes présentes. Il s'agit de Gilets jaunes, de militants de la CGT, de passants ou de manifestants d'un jour, de policiers et gendarmes, gradés et non gradés. Le plus grand nombre d'entre eux me demandent alors des selfies. Il m'est arrivé à plusieurs reprises d'être abordé par des petits groupes de ces hommes en noir, le visage entièrement masqué. Je les ai toujours interrompus dans leur élan, refusant toujours de me faire photographier avec des personnes dont on ne peut identifier le visage. Certains l'ont accepté de bonne grâce. D'autres insistaient plus fermement, m'accusant de faire de la discrimination. Ce à quoi je répondais systématiquement : « Pourquoi n'enlevez-vous pas votre masque ? Qu'avez-vous donc à cacher ? Y a-t-il quelque chose que vous craignez ? »

Les mois passant, il n'est plus resté de Gilets jaunes que ceux qui n'avaient plus rien à perdre.

C'en était fini de la cause.

Le constat, puis la suggestion, sont venus de tous les plateaux TV simultanément : « Mais pourquoi n'ont-ils pas de leaders ? Il faudrait qu'ils élaborent des propositions politiques. Qu'ils se présentent aux élections européennes ! » Comment des hommes venus exprimer leur volonté de changement et leur désespoir dans une démarche révolutionnaire peuvent-ils s'improviser philosophes, constitutionnalistes avertis et candidats aux élections dans la foulée ? A-t-on demandé aux révolutionnaires de 1789 d'être tout cela, à la fois et tout de suite ?

Le traquenard a encore fonctionné avec l'arrivée des élections européennes. D'abord sur le fait de se présenter ou pas, puis sur diverses listes, avant d'être réduits à quelques dizaines d'unités. On ne peut s'empêcher de se rappeler ce célèbre slogan de mai 68 : « Élections, piège à cons. »

Le président avait enfin l'horizon dégagé. Il put mettre en œuvre son « grand débat national ». Débarrassé de toute opposition, il a construit à sa guise, bien avant le début de sa campagne, le résultat des élections : quelques voix derrière Marine le Pen, mais si loin devant tous les autres. Il a usé de l'argument, déjà exploité pendant les présidentielles : être le seul rempart face à l'obscurantisme populiste.

Seule ombre au tableau : sur 47,1 millions d'électeurs inscrits, sa liste a recueilli cinq millions de suffrages exprimés, ce qui représente à peine un peu plus de 10 % du corps électoral. Même score avec quelques décimales de plus pour le Front national.

Cher compatriote, je l'ai dit un peu différemment dans mon dernier courrier, et je ne peux m'empêcher de le redire aujourd'hui : la volonté d'anéantir le mouvement des Gilets jaunes et le résultat en trompe-l'œil des européennes ne peuvent balayer une évidence. Quelque chose de nouveau et de puissant est né. Les Gilets jaunes ont impliqué trop de gens avec trop d'intensité pour ne pas polliniser en profondeur la vie politique française et l'engagement de nos concitoyens. Ceci ne restera pas sans lendemain.

Fraternelle amitié,
J. L.

S'UNIR POUR LE PIRE

PREMIÈRES MONDIALISATIONS

Paris

Cher compatriote,

Et si nous parlions des raisons profondes de ce transfert de pouvoir ? Si nous évoquions ce « transfert de souveraineté » que vous jugez coupable de vous priver de vos droits citoyens dans une démocratie avancée ? Ce transfert de pouvoir de vos élus vers quelque chose que vous ne savez pas désigner… parce que, je le sais, mon ami, vous détestez être traité de « complotiste ».

Je me sens obligé de remonter un peu dans le temps pour expliquer les fondements de cette perte de souveraineté et de démocratie. Les fondements de la dissolution de notre État, de notre République ensuite, dans un tout sans contours définis. Les motivations qui ont transformé des citoyens responsables en consommateurs irresponsables.

Dans la continuité des deux mondialisations successives, celle des grandes conquêtes, celle de l'industrialisation, il s'est produit un basculement du monde.

Un phénomène nouveau nous plonge dans une situation inédite. Le monde est emporté sous nos yeux par une spéculation financière devenue folle et sans contre-pouvoirs. Ce phénomène sans précédent est difficile à comprendre et à cerner. Depuis une trentaine d'années, alors qu'il était déjà en mouvement, il s'est brutalement accéléré. Il est devenu incontrôlable et personne ne peut plus échapper à ses tentacules. Chaque jour qui passe accentue le mouvement de strangulation et de déshumanisation.

C'est le retour à l'état primitif, grégaire, où le puissant écrase le faible.

L'humanité a connu des moments heureux lorsque, mue par un même élan, elle a eu la conviction de travailler à l'amélioration des conditions de vie et de l'avenir des générations futures, œuvrant ainsi au progrès de l'homme pour l'homme. Ces phases de prospérité ont toujours été interrompues plus ou moins rapidement. Soudain l'homme se perd et prend peur.

L'autre qu'il était heureux de côtoyer la veille lui semble aujourd'hui différent, suspect. Sa présence lui devient insupportable. L'histoire de l'homme l'a tant et tant de fois confronté au sublime faisant place à l'indicible ! Il a alors eu si souvent le sentiment et la peur que les victoires écrasantes d'aujourd'hui annoncent les violentes revanches de demain.

Lors de la première mondialisation, il y a plus de cinq siècles, Magellan, Christophe Colomb, Vasco de Gama et d'autres redécouvrent l'Inde et les Amériques grâce à de modestes embarcations affrétées par les rois. Ils étaient portés par leur volonté d'améliorer la connaissance du monde, de découvrir de nouvelles ressources et des routes maritimes permettant de contourner l'empire ottoman.

Ce sont des montagnes de richesses qu'eux et leurs successeurs rapporteront de ces lointains territoires. Ce brusque et inégalé afflux place le vieux continent dans une situation nouvelle. Les rois, dans l'ensemble soucieux du bien-être de leurs sujets, y voient une formidable opportunité d'améliorer leur sort. Mais le bénéfice de cette noble aspiration sera accaparé par un très petit nombre de mains expertes. Cette minorité entreprend de le faire fructifier et d'en accentuer la puissance à son profit.

C'est l'un des points de départ de ce que l'on appellera plus tard le capitalisme.

Cet afflux de richesse ranime les instincts primaires d'individus soudain devenus richissimes. Ils entreprennent alors de se défaire du souverain et de l'ordre établi, propageant disettes, famines et épidémies.

Les monarques, et avec eux le symbole de l'État, seront lentement remis en cause. Le facteur temps est encore long, mais le mouvement est engagé. C'est dans ce nouveau contexte de paupérisation et d'insupportables inégalités que les révolutions s'installent.

À ces troubles internes s'ajoute une féroce compétition pour la conquête de nouveaux territoires. D'abord entre l'Espagne et le Portugal. Elle donne lieu au partage du monde par le traité de Tordesillas (1494). Cet événement est un basculement majeur de l'ère de la découverte vers la colonisation et l'expansion du capitalisme naissant. Les États européens ne se contentent plus du seul commerce. Ils s'engagent dans la conquête et l'administration de nouveaux territoires.

À partir du milieu du XVIIIe siècle, Français et Anglais imposent leur rivalité dans la conquête de nouvelles colonies. La terre est définitivement ronde, ses continents et peuplades désormais connus et situés à leur place. Les derniers venus ont payé très cher « la chance » d'avoir été découverts.

L'histoire bégaye et une minorité s'approprie à nouveau les richesses sous couvert de « mission civilisatrice ». À l'avant-garde des nations, ces nouvelles puissances financières découvrent qu'elles détiennent des moyens de domination sans partage. Elles savent déjà qu'elles sont en mesure d'organiser de féroces luttes de pouvoir pour l'avenir.

Cette phase de mondialisation donne le jour à l'industrialisation et au commerce planétaire. Elle ouvre à chaque puissance un marché toujours plus grand et de nouveaux débouchés. Pour faciliter ces échanges, les systèmes économiques doivent être le plus libérés possible des institutions pour permettre le juste prix des biens et des services. C'est la théorie de la « main invisible ».

L'avènement du libéralisme est officiellement acté. Il est soutenu par la théorie du ruissellement : l'enrichissement des États et des élites contribuera à celui de l'ensemble de la population.

La plupart des puissances occidentales, France, Grande-Bretagne, Pays-Bas, Belgique, Portugal, se lancent dans cette colonisation effrénée. France et Angleterre se partagent l'Afrique et tracent au cordeau les frontières de leurs nouveaux territoires qui deviennent de nouveaux lieux de prédation et de consommation. De nouvelles richesses affluent vers l'Occident. Elles permettent d'octroyer quelques avantages sociaux aux classes laborieuses paupérisées par l'industrialisation galopante.

Cette prospérité matérielle ne correspond pas à une réelle production mais à de grossiers mécanismes de prédation. Il faut vite industrialiser, trouver les moyens de produire, d'assujettir l'homme à son désir dans ce qu'il a de plus vain : posséder pour posséder, bestialiser à nouveau l'homme tourneboulé. Dans un tel flux d'échanges, celui-ci commence à réaliser qu'il perd tout ce qu'il avait acquis. Ce sont toujours les mêmes mains à la manœuvre qui contrôlent, avec le charbon, l'ensemble de la production humaine de cette époque. Le malheur de la multitude se fait obscène. Le profit de la minorité n'a plus de limite. Elle sait déjà que la manière de réguler cette nouvelle situation passera inévitablement par une saignée sans égale dans l'histoire de l'humanité. Il ne restera plus qu'à organiser les luttes pour les prises de pouvoir génératrices de tant de profits nouveaux pour les uns, d'incommensurables malheurs pour les autres.

Non seulement ce système est redevenu bestial mais il est désormais capable d'anticiper la déshumanisation à l'échelle planétaire. L'humanité, pour sa part, veut recommencer à croire aux forces de l'esprit, aux bienfaits du progrès engendrés par de véritables innovations et découvertes, notamment en matière de santé. Elle n'imagine pas les terribles cataclysmes qu'engendrera l'homme cupide qui se moque bien de savoir si « l'homme consommateur » aura les moyens d'assouvir les désirs illusoires qu'il lui suggère.

La deuxième mondialisation, au XIXe siècle, se caractérise par l'industrialisation croissante. Les campagnes se vident peu à peu. De nombreuses familles s'installent en ville. Elles devront faire face à des conditions de travail et de vie précaires. En France, certains patrons tentent une vision alors moderne de l'entreprise, avec le paternalisme et un capitalisme conservant une dimension sociale. C'est notamment le cas d'entreprises comme Michelin, Peugeot ou Meunier qui investissent une partie de leurs bénéfices dans le bien-être de leurs employés. C'est la démarche de responsabilité sociétale des entreprises (RSE) avant l'heure !

D'immenses fortunes s'accumulent.

Rapidement le gigantisme submerge tout ou presque. L'Amérique construit ses premiers buildings sur les milliers de cadavres encore chauds de l'exploitation des hommes et des populations autochtones. C'est l'époque où les chemins de fer déchirent les Amériques et l'Europe jusque dans leurs tréfonds. L'homme s'élève dans les airs. Il construit des bateaux capables d'accueillir des villes entières. Les ondes courtes et longues lui permettent de communiquer à travers toute la planète. Cette époque générera de réels progrès et des avancées irrésistibles au profit de l'homme.

Puis viendra la découverte de ce liquide de couleur indéfinissable et d'aspect noirâtre dont on imagine bientôt qu'il recouvre toute la planète, juste quelques centimètres au-dessous du sol. Le prédateur sait déjà que ce dernier supplantera le charbon et sera le seul à fournir l'énergie nécessaire pour faire avancer trains, paquebots et usines de l'ère moderne.

Aux États-Unis, l'alcool est produit jour et nuit, vite relayé par la drogue lors de la prohibition. Une fois encore une minorité sans scrupule et ayant perdu toute notion d'humanité se retrouve à la tête de l'ensemble de richesses dont elle peut organiser l'agencement à sa guise.

Le gouvernement fédéral des États-Unis perd progressivement le contrôle de ces changements. Un peu partout dans le monde occidental, à des échelles et à des niveaux différents, la privatisation des moyens productifs générant un empire financier et bientôt spéculatif s'installe. Les puissants prennent en otage puis amorcent une privatisation des patrimoines nationaux. L'idée même que l'homme se fait encore de lui-même est submergée par une situation à nouveau inédite dans l'histoire.

Le matérialisme et les puissances financières prennent à nouveau le dessus. Rien n'y personne ne sera en mesure de les arrêter. L'histoire des hommes basculera de nouveau dans des phases sombres et dramatiques.

Dans la plupart des firmes, l'individu devient un simple agent économique dont les tâches tendent à se simplifier au nom de la rentabilité. Le taylorisme et le fordisme ont permis la production et consommation de masse.

Une micro-élite s'enrichit de façon inquiétante. Karl Marx, après tant d'autres, avait tiré la sonnette d'alarme avec son ouvrage *Le Manifeste du parti communiste* (1848). À travers une lecture à la fois historique et idéologique de l'économie, il cherchait à donner un sens à l'histoire. Singulière époque que celle où s'affirment désormais les deux principales théories qui s'opposeront au cours du XXe siècle. Selon lui, le système capitaliste s'effondrera sur lui-même à cause d'une crise de surproduction.

De 1927 à 1929, la production automobile a doublé aux États-Unis. Entre 1914 et 1929, la production mondiale a été multipliée par deux. Mais bientôt les nuages sombres s'amassent de nouveau à l'horizon. La production a explosé et les stocks s'accumulent. L'offre devient largement supérieure à la demande. Les entreprises ne parviennent plus à vendre, les banques attendent désespérément un retour sur investissements. Le paroxysme de la crise est atteint avec le terrible krach boursier, lors du « jeudi noir », le 24 octobre 1929. Les faillites se succèdent, entraînant fermetures et licenciements massifs.

Cette situation ouvre la voie dans la première partie du XXe siècle aux deux plus terribles tragédies mondiales. Elles étaient devenues inévitables : le matérialisme avait réuni en ses mains l'ensemble de la puissance disponible. Avec un cynisme jusqu'alors inégalé, il avait commencé à travestir l'idée que l'homme pouvait se faire de lui-même. Il allait favoriser, parmi d'autres facteurs, l'accès au pouvoir de véritables monstres dans des pays qui avaient pourtant contribué à notre montée en civilisation.

Dès la fin de cette terrifiante époque deux blocs se feront face, emportant d'autres pays dans un redoutable affrontement, sur fond de lutte pour l'armement. La France arrive à trouver une position intermédiaire. Elle a su poser, dès le lendemain de la Seconde Guerre mondiale, un acte essentiel avec la quasi-totalité des forces politiques en présence : le Conseil national de la Résistance.

Ce dernier trouve des réponses décisives à des débats restés vains faute de volonté et de cohésion politique. Cet événement marque de manière indélébile un soudain retour de la flamme de l'espoir. Malgré bien des vicissitudes, ce grand moment d'unité nationale débouche sur un modèle alliant social et libéral.

L'ensemble du bloc de l'Ouest réussit progressivement à mettre sur pied une démocratie autour des différentes sensibilités politiques. Loin d'être parfaites, ces années voient s'épanouir un véritable débat d'idées entre la gauche et la droite. Les individus sont redevenus citoyens, ils participent passionnément à la vie politique ainsi qu'à ses scrutins. Le modèle se renforce de jour en jour. Le général de Gaulle replace la France dans le concert des nations. Les pays les plus touchés se sont reconstruits. D'autres pays européens en finissent avec les dictatures.

À la mise en commun du charbon et de l'acier a succédé l'Europe des six.

La construction européenne devient un grand dessein.

Différentes théories entrent alors dans un débat passionné, mais jamais tranché par les peuples. Les uns mettent en avant l'idée d'une Europe des nations, les autres celle d'une confédération puis d'une fédération.

Cher compatriote, tous les rêves étaient alors possibles ; c'était l'époque des Trente Glorieuses. La croissance redémarrait, le progrès donnait le sentiment d'un nouvel avenir pour l'homme. Les États reprenaient la main. Un équilibre s'était reconstruit autour de ce qui relève du domaine public, social et libéral. Certes ce n'était pas parfait mais l'homme de cette époque, que j'ai côtoyé, a eu le sentiment d'appartenir à un « modèle » qui s'apprêtait sans le savoir à redevenir système.

Fraternelle amitié,
J. L.

PERSEVERARE DIABOLICUM

Paris

Cher compatriote,

Nous en étions restés aux Trente Glorieuses. Heureuse époque durant laquelle, je vous l'ai dit, le progrès technologique et social donne le sentiment qu'il constitue un avenir pour l'homme et où les États reprennent la main.

Le rêve se brise soudain sur l'annonce d'une nouvelle pourtant réjouissante. Elle stupéfait autant ses prétendus acteurs que le reste du monde : la chute du mur de Berlin (9 novembre 1989). Il symbolisait la glaciale guerre froide, que chacun redoutait de voir exploser en guerre thermonucléaire. Le bloc de l'Est se désagrège. Le modèle de l'Ouest, sans le savoir encore, commence à reperdre la maîtrise de son avenir. Il avait pourtant tous les atouts dans sa manche. Les premières images montrent l'insondable différence entre les deux réalités : développement à outrance d'un côté, insupportable sous-développement de l'autre.

Mes quelques escapades dans l'ex-URSS et d'autres pays du pacte de Varsovie m'avaient donné le sentiment que tout n'était pas blanc d'un côté et noir de l'autre.

Je n'entends nullement nier les crimes du totalitarisme soviétique ni la violence de la répression des moindres incartades au régime ; chacun connaît la réalité du Goulag. J'ai toutefois constaté une forme de cohabitation entre une misère souvent insupportable d'un côté et une quête d'égalité et de partage de l'autre. Des logements à caractère locatif à des prix très abordables, des soins gratuits, une entrée à un spectacle ou à un divertissement culturel étaient périodiquement offerts à chaque famille. Mais c'était aussi peu de voitures et les longues queues devant les magasins. Ceux qui, quelques années auparavant, constituaient un empire, étaient désormais bien peu de chose.

Au-delà des effusions de joie, des interrogations me gagnaient. A priori, le camp survivant avait tout pour lui. Une croissance soutenue, des emplois à vie, une multitude de possibilités de découvertes et de loisirs, des trains, des avions, des téléviseurs couleur aux multiples chaînes. Des retraites assurées, une sécurité sociale à toute épreuve, des allocations chômage…

Quelques ombres au tableau venaient toutefois ternir ce sentiment de pleine croissance et de confiance à toute épreuve. Il y avait bien ces diables de cancers, de sida et d'autres encore toujours inguérissables. Les chocs pétroliers passaient par là. Malgré tout, chacun avait le sentiment de pouvoir tirer son épingle du jeu. Sur le plan politique, les peuples votaient massivement sur des choix de société qui leur semblaient explicitement présentés. Oui, l'avenir sans l'empire soviétique apparaissait somme toute serein.

Sans le savoir, nous avions déjà mangé notre pain blanc.

La troisième mondialisation pointait le nez.

Livré à lui-même, notre modèle ne tarde pas à s'enrayer de nouveau. Chacun prend conscience de la puissance des États-Unis et de leur capacité d'orientation de toute politique et réalité économique. En quelques mois, ils sont devenus les seuls maîtres du jeu. D'ailleurs, ils n'hésitent pas à le faire savoir à ceux qui étaient hier encore leurs indéfectibles alliés.

Par capillarité, leurs règles imprègnent désormais le monde. Point de sécurité sociale aux États-Unis, l'organisation et la généralisation des fameux fonds de pension. Ces derniers vont acquérir en quelques années une puissance financière redoutable. Pour faire fructifier leurs immenses avoirs, il faut impérativement exporter les fonds dans le monde entier. Ils investissent alors la plupart de nos entreprises et de nos organisations, à coups de 10% de capital dans l'une, 15 à 20% dans l'autre, ce qui en fait rapidement les maîtres de notre industrie. On connaît la suite : rien qu'en France des centaines de fermetures ou de délocalisations d'usines. Ces fonds de pension sont devenus des actionnaires majoritaires ayant tout pouvoir sur leurs proies. Les États-Unis dictent depuis bien longtemps à l'Europe leur modèle de construction. Depuis Yalta, les États-Unis ont besoin d'une Europe à leur image.

Forcément fédérale, forcément financière.

Dans leur grande majorité, les politiciens européens ont su dès le premier jour que ce système se mettrait en place, avec ou sans eux. Alors autant jouer le jeu. Quelques petites ombres planent sur les esprits les plus avisés. Mais c'est décidé : on ne les évoquera jamais! Les différents pays européens sont souvent de vieux États dans un vieux continent. Chacun a son histoire, constituée aussi dans ce sang versé durant des siècles. Si l'histoire des États-Unis a commencé il y a moins de cinq cents ans, son apogée ne commence qu'il y a deux siècles à peine. Viendrait-il à l'idée de quiconque de comparer le magnifique Nevada à la Grèce Antique, l'État de New York à la Rome de Jules César ou le Texas à la vieille Espagne ? Quels sont les points communs entre la sémillante et puissante Californie et la France éternelle ? Et à quel État comparer le Royaume-Uni de Sa Gracieuse Majesté ?

Une quarantaine d'années durant, nous avons eu le sentiment de nous affranchir à tout jamais de nos vieux démons et de ces terrifiants champs de bataille jonchés de croix blanches. À partir de tant de sacrifices consentis ou non et d'un irrésistible espoir, un soleil de printemps radieux s'était enfin levé. Tout était enfin devenu possible. La paix, le progrès, la prospérité... Sur fond de spiritualité et de laïcité, nos peuples avaient retrouvé leurs marques, leurs nations, leurs États.

Les individus étaient redevenus citoyens. Ils avaient reconstitué des peuples, refondé leurs nations et leurs États. Nous avions enfin trouvé le débat d'idées, sanctionné par les urnes, qui fonctionnaient à plein régime. Les progrès succédaient aux progrès. L'espérance de vie prenait enfin du sens en même temps qu'une longévité jamais atteinte. Nos « tubes » faisaient le tour du monde, emportés par nos téléviseurs, et répandaient partout leur insouciance, romantique ou rythmée. Il y avait eu les 4CV, les DS, le France, le Concorde, les formidables bals populaires et ses danses effrénées qui s'étiraient, telles des guirlandes multicolores sur nos faubourgs les nuits de 14 juillet. Bien après les congés payés, les femmes avaient fini par voter, la Sécurité sociale et l'assurance vie nous préparaient à une retraite forcément longue et heureuse.

Cher compatriote, on qualifia ce grand moment de modèle. Nous le tenions entre nos mains. Nous étions convaincus de son caractère éternel. Il avait démarré avec ses « jours heureux ». Soudain, il nous a échappé, et comme s'il fallait nous punir d'avoir eu le sentiment d'être heureux, le *système* est revenu. Le modèle s'est effacé, le *système* s'est imposé. Une fois encore. « Capri, c'est fini ».

Fraternelle amitié,
J. L.

LE CRÉPUSCULE

Paris

Cher compatriote,

Soudainement l'Europe, le monde, l'ensemble des nations et des peuples ne sont plus qu'un vaste marché à conquérir. La financiarisation d'une économie mondiale réclame sans cesse des profits gigantesques. Il faut bien satisfaire un capitalisme redevenu inhumain. À moins qu'il n'ait jamais cessé de l'être ? Les remparts de nos sociétés, mêlant État, politique sociale et libre entreprise, deviennent ses premières cibles.

Tout tend à être homogénéisé. L'homme se replie sur lui-même et devient un consommateur isolé à qui s'imposent de nouveaux produits, de nouvelles modes à suivre, de nouvelles technologies à posséder pour nourrir le prédateur.

Nous avons accueilli les fonds de pension, et nous voilà maintenant confrontés aux inénarrables réseaux sociaux. Ces derniers seront bientôt suivis des GAFA et de leur monstrueuse intelligence artificielle. L'homme ne s'y est jamais préparé. Ils constituent cette nouvelle boîte de

Pandore, attisant désirs, convoitise et passions, sans que quiconque ne sache les maîtriser.

La pression sur l'ensemble des habitants de la planète devient insupportable, même si un certain confort de vie fait encore illusion. L'ensemble du dispositif devient l'allié et le régent technologique pour perpétuer ce système. Quelques fortunes écrasent le reste de l'humanité. Elles étalent de manière obscène leur richesse sur les réseaux sociaux et les médias. Les rémunérations de certains dirigeants d'entreprises atteignent des sommets inconnus jusqu'alors. Le rendement des actions est sans commune mesure avec la réalité économique. L'impôt sur le revenu est de moins en moins proportionnel, alors que l'écart se creuse entre les plus riches et les plus pauvres.

Plus d'ascenseur social.

Les derniers avantages sociaux disparaissent peu à peu. Le travail, une des valeurs cardinales de la civilisation, est vidé de sa substance et de sa raison d'être. Il est devenu un mal nécessaire, de moins en moins rémunéré, tandis que la courbe du chômage de masse ne cesse de grimper. Plus de quinze millions de chômeurs et près de quatre-vingt-dix millions de pauvres sur la seule Europe... Aux promesses passionnées de ses pères fondateurs s'est substitué un capitalisme spéculatif, sur fond de concurrence féroce entre pays.

Les peuples ne peuvent que constater cette terrible réalité. Il ne leur reste que leurs yeux pour pleurer, leur désillusion et leur colère. La France et ses alliés croyaient qu'ils ne pourraient apprendre pire nouvelle que le montant sans précédent de leurs dettes et du remboursement des intérêts d'emprunts. Ce qui revient à zéro marge de manœuvre pour défendre notre modèle économique et social, hôpitaux, école, régime de retraite. Le peuple découvre qu'il ne pèse plus rien. Les hauts fonctionnaires ont rallié le système, avec armes et bagages. La presse nationale passe entre les mains du CAC 40 et des fortunes internationales.

Les Français ne sont pas dirigés, ils sont trompés. Ils ne sont pas administrés, ils sont contrôlés. Ils ne sont pas informés, ils subissent quotidiennement un lavage de cerveau. L'adoration des idoles triomphe, face réduite du culte de l'argent substitué aux valeurs de la civilisation. Les objets sont investis de qualités qui dépassent leur seule vocation utilitaire et deviennent des objets de désirs irrationnels. Ils nous possèdent bien plus que nous ne les possédons. Ils développent en nous une tendance névrotique au repli sur soi.

Cher compatriote, vous me trouvez bien pessimiste et vous me dites que je décris de manière apocalyptique notre époque. J'aimerais bien vous présenter les choses autrement, mais je n'y parviens pas. Toutefois je vous ai souvent parlé de ma foi en la conscience des peuples. Elle ne supporte jamais longtemps la tyrannie et l'injustice. Des quatre coins du monde montent, chaque jour, les colères, les indignations et tentatives de rébellion, des résistances aux prédateurs. La France a eu ses Bonnets rouges, elle vit ses Gilets jaunes. Il fallait donc réprimer pour déconsidérer et mater. Qui peut dire ce qu'il adviendra, s'il devait y avoir une convergence des indignations, voire des colères ?

Fraternelle amitié,
J. L.

« *Depuis mon enfance, je caresse un rêve : que les hommes puissent enfin redevenir maîtres de leur destin et de leur vie* », Jean Lassalle, *La Parole donnée*, 2008.

« *Une vision qui ne s'accompagne pas d'actions n'est qu'un rêve. Une action qui ne découle pas d'une vision c'est du temps perdu. Une vision suivie d'actions peut changer le monde* », Nelson Mandela.

RETOUR
AUX FONDAMENTAUX

ı'ils ne le font pas pour d'autres pays du globe. ngularité existe. Elle constitue un héritage parmi précieux dont nous sommes tous comptables.

urd'hui, livré à lui-même, sans mandat trans- du peuple, écartelé, interpellé par mille voix, lire aucune, l'État ne représente plus grand-chose ıx des Français. Plus de valeur symbolique, plus nté qui pousse au dépassement des individualités. n'est plus au service du peuple, de la Nation. plus s'agit-il d'une vague girouette qui indique our la direction du FMI, de la Banque mondiale, ion européenne ou des États-Unis. L'État est au le la peste financière et d'une lourde technocratie centre de gravité se trouve on ne sait où. Il ne sert démocratie, mais une ploutocratie. D'invisibles eux technocrates, hier hauts fonctionnaires s car fécondés par les élus c'est-à-dire le peuple, de mener le bal.

compatriote, priorité est au retour de ces deux ons de l'État. Réhumanisé, allégé, modernisé, edevenir impartial et être remis au service de la républicaine. Il doit réapprendre à assumer ses s régaliennes, et anticiper, protéger, humaniser bliant jamais qu'il est équipé d'un étrange petit rouge. Il se doit de transmettre le savoir, de de rassembler. C'est ainsi que des hommes et mes pourront redevenir citoyens à part entière, r leur territoire, faire société et refonder le peuple in.

Fraternelle amitié,
J. L.

L'ÉTAT, SYMBOLE ET OUTIL

Lourdios-Ichère

Cher compatriote,

Vous me rappelez votre désir de retrouver votre voix. Rien ne me ferait plus plaisir. Je reprends donc la plume pour partager avec vous ma vision, forgée par une expérience de plus de quarante ans d'élu du peuple, devant qui je reste redevable.

Aujourd'hui je m'interroge sur le devenir de notre État, structure de la Nation à laquelle je suis si attachée. Hier avec les rois, plus tard avec la République, elle s'est construite autour de son État et de la singularité de ses provinces.

Un État aujourd'hui symbole des valeurs de la République, de l'unité d'un peuple, de son destin partagé, de l'impartialité dans lesquels les Français aiment à se retrouver. Et un État outil, en ce que ses organes doivent servir cette vision républicaine. La République française s'appuie sur ce symbole et cet outil.

La dimension symbolique de l'État parle à l'imaginaire. C'est sur elle que doit s'appuyer la politique pour animer la démocratie et faire vivre la cité.

Symbole balbutiant d'abord, lorsque les contours de notre pays étaient encore flous, il s'est, depuis mille ans, progressivement renforcé en réunissant les parcelles de son territoire et en les animant d'une volonté commune. Un peu comme si, sans le savoir, notre peuple avait toujours aspiré à épouser les contours d'un territoire idéal.

Tant que les sujets du roi crurent en Dieu et en la monarchie de droit divin – « L'État c'est moi », ne craignait pas d'affirmer Louis XIV dont les services maillaient déjà le territoire, le système français a fonctionné tant bien que mal. Il s'effondra avec la Grande Révolution.

L'État s'affirmera désormais comme celui de la République. Le peuple se déclare souverain et inscrit la Déclaration des droits de l'homme et du citoyen dans son ADN. Il se dote d'une Constitution, idée neuve en France, qui cimentera l'ensemble du corps social. La France prend en charge son peuple, accueille et rayonne.

Malgré les soubresauts politiques du XIXe siècle, cet État symbole ne cessa de se renforcer.

Mais que serait-il sans un outil pour le servir ?

C'est à lui que la France en appelle après la catastrophe de Sedan pour sauver la Nation. Hélas, il est lui-même au plus mal. Mais les grands éclopés se soutiennent mutuellement et convoquent la IIIe République. Laquelle entreprend de réconcilier, de rebâtir, d'instruire. L'État symbole redevient le garant de la renaissance d'un dessein commun. Il redevient un outil chargé de construire des écoles qui irrigueront l'ensemble du territoire et cimentera la Nation. Jules Grévy et Jules Ferry lancent l'incroyable défi d'apprendre à lire, à écrire et à compter à tout un peuple. Et pour cela nous sommes repartis des hommes et du territoire. « La République sera la République des paysans ou ne sera pas », répétait Jules

RASSEMBLER « LES FRANCE »

Paris

Cher compatriote,

À mesure que nous avançons dans notre réflexion, j'apprécie de plus en plus votre franchise et votre honnêteté. J'éprouve du plaisir à débattre avec vous, même si cela me pousse dans mes retranchements.

Il convient de retrouver une incarnation de la volonté du peuple souverain. Il réfléchira et débattra avant de dire sa décision. Je voulais vous parler des moyens à mettre à sa disposition afin de faciliter une expression claire et fréquente de sa volonté.

L'idée, dites-vous, part d'un bon sentiment mais n'a aucune chance de fonctionner dans la situation d'abandon moral à laquelle notre pays est réduit. Vous insistez. Il y a pire que la division, qui s'installe chaque jour un peu plus. Vous évoquez l'ambiguïté qui paralyse le débat public auquel de moins en moins d'entre nous participent. Les dés sont pipés d'avance. La dictature financière qui nous accable a encore de beaux jours devant elle si elle n'entraîne pas la grande explosion.

Pour l'heure, le peuple n'a plus confiance en rien ni en personne. Je ne serais donc à vos yeux qu'un penseur velléitaire.

Vous me rapportez l'échange de M. Martinez, secrétaire général de la Confédération générale du travail (CGT), avec M. Blanquer, ministre de l'Éducation nationale sur le plateau de l'émission *Vous avez la parole* (9 janvier 2020). Ce dernier faisait valoir que le Président était légitime pour procéder à la réforme des retraites, ayant été élu avec plus de 66 % des voix. M. Martinez, à qui nous portons tous les deux de la considération pour sa force de résistance, lui a alors répliqué :

« Dans les 23 % qui ont voté pour lui au premier tour et encore plus sur les 66 % qui ont voté au second tour, nous pouvons faire un sondage… Reconnaissez avec moi […] que tous n'ont pas voté pour son projet. Un certain nombre ont voté pour empêcher celle qui était en face d'arriver au pouvoir. Est-ce que c'est la vérité ou pas ? »

Vous brûliez de connaître les points de vue et les explications de M. Blanquer. Mais vous êtes resté frustré.

Vous vous interrogez sur les éléments qui conduisent les électeurs à voter de plus en plus massivement pour le Rassemblement national tandis que l'ensemble de la sphère politico-médiatique condamne vigoureusement ce choix.

On aurait pu rappeler que l'adversaire de M. Macron au deuxième tour de la présidentielle était Mme Le Pen.

Son père, des années durant, est resté accroché à environ 1 % des voix. À ce moment-là la question se posait de reconnaître si le Front national avait sa place dans l'espace républicain. Le choix a été fait, bon gré mal gré, de le considérer comme un parti ayant une existence légitime, car légale.

L'institution par François Mitterrand de la proportionnelle intégrale aux élections législatives de 1986 trancha la question. Elle permit à des partis dits « minoritaires » d'être désormais représentés. Le 16 mars 1986, trente-cinq députés du Front national furent élus tandis qu'il réalisait de bons scores au premier tour des élections régionales : un peu moins de 10%. La droite républicaine eut alors besoin de ces voix, au second tour, pour faire élire ses candidats.

Il ne me souvient pas d'avoir entendu quiconque discuter de la légitimité de ces députés ni de la légalité de leur parti. Pas plus que ne furent prises des mesures coercitives envers les présidents élus grâce aux voix du Front national.

Dans les années qui suivirent, le FN continua à progresser. En 1989, son premier maire était élu. Le débat s'envenima lors des élections régionales de 1992. Quelques présidents de droite avaient besoin des voix du FN pour le second tour. L'un d'eux, adoubé par le président François Mitterrand dont il avait été l'un des ministres, fut même élu avec les voix du FN, du PS et des Verts… Un débat lourd s'installa dans notre pays. Il ne devait plus jamais cesser.

Il connut un nouveau point d'orgue à l'occasion des élections régionales de 1998. L'ensemble de la sphère politique et médiatique s'enflamma sans toutefois remettre en cause l'existence légale du Front national. Mais les échanges firent rage autour des notions de « morale », d'« acceptable », de « républicain ». La droite et le centre se divisèrent, et c'est par l'UDF que les digues allaient céder. Cinq de ses membres se firent élire présidents avec l'appui des voix du Front national et après alliance. Ils furent chassés de l'espace politique français.

Cher compatriote, nous savons tous deux combien ce moment de la vie politique française fut délicat et lourd de sens. Cette injonction morale de l'ensemble des partis de pouvoir et des institutions, partait d'un bon sentiment. Plus que son programme, les propos tenus à cette époque par Jean-Marie Le Pen le disqualifiaient. La réponse du « front républicain », composé de l'ensemble des partis de pouvoir et des institutions, formulée de manière péremptoire et pusillanime, ne fut pas à la hauteur. Loin d'affaiblir le FN, elle apparut à ses électeurs comme une mesure d'ostracisation. Ceux-ci exprimaient pour leur majorité un vote protestataire, pas encore un vote d'adhésion. Cette absence de discernement n'allait-elle pas nous coûter très cher ? Ne contribua-t-elle pas, par ce renoncement de la classe politique traditionnelle, à conforter l'électorat déçu ?

Quatre ans plus tard, à la stupéfaction du monde, Jean-Marie Le Pen fut qualifié pour le second tour de l'élection présidentielle. Les bilans des majorités sortantes – et systématiquement sorties – apparaissaient de plus en plus identiques.

Nous, les politiques, avons déserté les grandes préoccupations de notre temps. N'est-ce pas cette absence de libre débat, de perspectives, dans un contexte de misère humaine et intellectuelle, de domination de classes qui a jeté une partie de notre peuple dans les bras des extrêmes ?

La nature a horreur du vide. Les dirigeants du Rassemblement national ne sont pas moins intelligents ni moins filous que les autres. N'ont-ils pas suscité des votes d'adhésion en abordant, en les exagérant, les préoccupations essentielles de nos compatriotes ? Globalisation, immigration, Europe, dette, sans oublier peut-être les plus sensibles, les notions d'identité et de laïcité... Est-ce ces mêmes terrains en jachère, qui valent à qui se hasarde à les aborder par son propre prisme et non celui convenu, d'être taxé de « Rassemblement-nationalisé », « poujadisé », « complotisté », « populistisé » ?

On avait cru juguler un avatar. On avait consacré une fracture.

On ne cesse de rappeler à nos concitoyens que le vote est un droit, un devoir. Qui leur présente un projet à la mesure de leurs attentes ? Pour achever le tout, à l'occasion du second tour, on leur demande de faire barrage au lieu de choisir des projets qui n'existent plus.

Et l'abstention s'est durablement imposée à des niveaux jamais connus sous la Ve République... L'élection présidentielle n'aurait donc plus d'intérêt qu'au premier tour, puisque celui qui se qualifie face au Rassemblement national est assuré de la victoire.

Cher compatriote, vous m'expliquez que ces états de fait ont conduit notre pays à un face-à-face tragique. D'un côté, il y aurait les « sachants », établissant les règles du jeu et se permettant de qualifier l'autre France de « moisie ». De l'autre, une France ne supportant plus ces postulats et qualifiant la première de « pourrie ».

Vous ne voyez vraiment pas comment un pays aussi divisé pourrait se rassembler. Je ne vous ai jamais laissé entendre que ce serait chose facile.

Vous me demandez combien de temps notre pays supportera d'être coupé en deux et de ne se prononcer que sur les sujets « tolérables » en écartant les autres.

Le malaise social actuel, l'absence de confiance en ses élites, le gravissime sentiment d'abandon et d'absence de considération ne parlent-ils pas d'eux-mêmes ?

Cher compatriote, je comprends enfin où vous vouliez en venir lorsque vous avez évoqué l'intervention de M. Martinez. Vous me demandez combien de temps la France acceptera de subir une situation qui contraindra M. Martinez à voter à nouveau pour M. Macron.

Vous poursuivez : la France aura-t-elle trouvé d'ici là les moyens de financer sa réforme des retraites ? À réenchanter l'espace public auquel elle est si attachée, par un retour du pouvoir souverain et d'une finance publique. Vous terminez en me disant qu'à défaut, il est fort probable que ce ne soit plus M. Macron ou son semblable qui gagne. Vous croyez bon de conclure sur une interrogation : « Que fera-t-on alors ? »

Je m'efforce de trouver les mots pour vous rappeler combien notre grand pays est singulier et constitue une terre de résistants. Il voue un véritable culte à l'histoire et à la politique et n'a jamais accepté longtemps la domination injuste et décérébrée. Je vous l'accorde, cher compatriote, les résistants ne se sont jamais levés en nombre. Mais ne percevez-vous pas qu'ils sont de plus en plus nombreux à se séparer à reculons, à l'issue de nos manifestations ?

En clarifiant, en redonnant du sens à notre vie publique, en proposant de véritables réponses à son inquiétude, nous apaiserons notre pays. Avec du respect et un projet retrouvé, la France redeviendra ce qu'elle n'aurait jamais dû cesser d'être : un pays sûr de lui-même et impitoyable avec tout mouvement qui aspire à susciter l'adhésion en prônant violence et délit de « sale gueule ». Rassemblé et uni, il retrouvera la force de combattre le système destructeur qui s'est emparé d'elle.

Contrairement à vous, je sens ce souffle de l'espoir et du renouveau. Réfléchissons dès maintenant à la manière dont il va pouvoir s'incarner pacifiquement, dans l'esprit de notre jeunesse, du peuple tout entier.

Fraternelle amitié,
J. L.

RENDRE LEUR RÔLE AUX INSTITUTIONS

Paris

Cher compatriote,

Je me réjouis de partager encore avec vous mes réflexions pour rassembler « ces France ».

À mes yeux, cela passe par un État qui retrouve son rôle. Ainsi, je souhaite partager avec vous quelques-unes de mes réflexions concernant les institutions, fondements de notre régime démocratique. Leur rôle est essentiel dans ce retour à l'unité et à l'expression de tous.

La République constitue le modèle dont s'est doté le peuple français et qui est à son service. C'est la raison pour laquelle on parle de « République française ». Dotée d'un État, elle repose sur des organes de pouvoir distincts les uns des autres.

Elle a aussi défini, via sa Constitution, le pouvoir présidentiel qui incarne la France et représente cette République.

Celle-ci s'est également dotée d'instances élues. Les députés représentent le peuple et incarnent « une parcelle de la Nation ». Leur rôle est de contrôler l'exécutif, de préparer et de voter la loi, dont le budget, de traduire en droit français les directives européennes, de voter les éventuels accords internationaux, de donner leur avis sur les orientations de guerre et de paix.

Les sénateurs contrôlent aussi l'action du gouvernement et élaborent la loi sans être soumis à la spontanéité et à l'exposition permanente de l'Assemblée nationale. Leur chambre représente surtout les territoires et produit des rapports sur la façon dont évolue la France.

La République s'est également dotée du Conseil économique, social et environnemental (CESE) dont la fonction est d'organiser la réflexion. Ses propositions remontent au président de la République, à l'Assemblée nationale et au Sénat. Autrefois, il pouvait aussi interagir avec le Commissariat au plan, institué par le CNR et en charge de la programmation et du financement des grandes infrastructures de la Nation. Disloqué à partir des années 1980, il disparut en 2005, entraînant la fin de la DATAR (Délégation à l'aménagement du territoire et à l'action régionale) qui incarnait le dialogue et la programmation avec les élus locaux.

Cette disparition a de fait entraîné une concentration de très hauts fonctionnaires sans affectation précise à Paris. Ceux qui étaient à Paris y sont restés, ceux qui étaient affectés en province les y ont rejoints. Ils figurent parmi les mieux payés et s'autodésignent en grande partie depuis une trentaine d'années.

Bien que privés de tête et d'orientation, les hauts fonctionnaires qui le formaient n'ont cessé de travailler du temps où le débat gauche-droite avait encore un sens.

Leurs orientations, aussi technocratiques qu'inadaptées aux besoins du pays, étaient glissées dans une chemise bleue lorsque la droite était au pouvoir, dans une autre de couleur rose lorsque la gauche y parvenait. Afin de s'assurer de la prise en compte de leurs orientations, ils accompagnaient les nouveaux ministres en leur cabinet. Ils y instillaient l'idée qu'il fallait faire de la politique, non pas en réfléchissant, mais autrement : aller sur le terrain, dire que ses choix étaient les bons et ceux de l'opposition, nécessairement mauvais. Le débat gauche-droite disparut ainsi très vite lui aussi, l'ensemble des partis de pouvoir procédant aux mêmes choix idéologiques.

Leur rôle a évolué avec le développement de l'Union européenne. Craignant de devenir inutiles car personne ne les dirigeait plus vraiment, ils ont commencé à travailler avec les tout nouveaux commissaires européens. « Bien formatés », ils ont tenu toute leur place dans l'avènement de la technocratie européenne.

L'idéologie politique fut ainsi remplacée par la seule vision de ces hauts fonctionnaires. Si je considère qu'aller sur le terrain est important, je ne peux que m'insurger contre les va-et-vient entre haute fonction publique et sphère privée, lorsqu'ils finissent par altérer la capacité du responsable public d'exercer ses fonctions en toute objectivité, c'est-à-dire par créer des conflits d'intérêts.

Ainsi le discours est devenu : combien d'hôpitaux faut-il fermer, combien d'écoles, de gendarmeries, et autres services publics? Toute réflexion politique a été annihilée.

Je tiens à préciser que tous ne sont pas ainsi et que nombre d'entre eux tiennent fort dignement leur rang et leur place à Paris comme ailleurs.

Nous, les grands élus du peuple, en somme les seuls responsables et coupables. Notre prise en mains par le système nous a considérablement fragilisés. Sans idéal ni boussole, nous sommes tous en danger.

Le rôle du député n'a jamais été simple. Il est pris entre le marteau du chef de l'État et du gouvernement, et l'enclume de sa circonscription, sans cesse soumis à des choix cornéliens. Il est contraint de gré ou de force à pratiquer un double langage entre Paris et son territoire d'élection.

Il n'en reste pas moins vrai que l'organisation de notre République, sans être parfaite, est bien pensée. L'existence de trois pouvoirs distincts en son sein : exécutif, législatif, judiciaire, voire de celui qui est appelé « le quatrième pouvoir », celui de la presse, vise à limiter l'arbitraire et à empêcher les abus liés à l'exercice de missions souveraines.

Le régime républicain a aussi prévu de veiller à ce que l'État respecte ses principes. Il a pour cela crée le Conseil constitutionnel qui juge de la conformité des textes à la Constitution.

Petite cocasserie à mes yeux dans cette organisation républicaine : le Conseil d'État. Il représente l'organe le plus sophistiqué pour aider président et gouvernement à préparer leurs textes. Son président n'est autre que... le chef de l'État lui-même. Cet organe, référence de la conformité aux valeurs de la République et à la mission de l'État, dit le droit sur des textes qu'il a lui-même préparés et proposés. Il les juge aussi en cas de contestation... Situation étrange s'il en est.

La même cocasserie existe pour les tribunaux administratifs, sortes de Conseils d'État à l'échelle du département. Ils peuvent être notamment saisis par les maires contre les préfets ou vice-versa. Là aussi, avoir gain de cause est difficile…

La justice dite « noble », rendue au nom du peuple, est un pouvoir si hautement symbolique qu'il a été décidé de ne pas mettre à sa tête un simple ministre mais un garde des Sceaux, ministre de la Justice. Ce troisième pouvoir est différent de la justice administrative qui est un outil de l'État.

Et puis il y a les médias, ceux des chroniqueurs qui, contrairement aux trois autres pouvoirs, n'agissent pas au nom de l'État. Un des rôles est de rendre compte et d'informer sur l'action de ces pouvoirs. Elle est qualifiée de « quatrième pouvoir » depuis quelques dizaines d'années et se rapproche de la fonction d'« orateur » dans la Grèce antique.

L'ensemble de ces pouvoirs est essentiel à mes yeux. Mais leurs organes ne sont plus guère animés par la mission première que la République leur a octroyée : être au service du peuple et des valeurs de la République. C'est ce qui explique en partie que députés et sénateurs, comme la presse et la justice, soient rejetés voire haïs.

Pourquoi ne pas « retaper » la France à l'image de la maison familiale ? Aux yeux de certains, elle est devenue si vétuste qu'ils ne s'y plaisent plus. Certes ils lui portent encore de l'affection, mais ils la trouvent trop ceci, pas assez cela… Elle est pourtant idéalement placée. Mais la perception des membres de la famille s'est modifiée avec leur changement de mode de vie. Pourtant, chacun reconnaît qu'il n'aime rien mieux que de s'y retrouver.

Certains doutent encore : on pourrait l'abandonner pour en construire une autre, plus moderne et fonctionnelle.

Mais elle serait dénuée d'âme. Non, décidément, nous n'arrivons pas à nous résoudre à cela.

Deux autres possibilités s'offrent à nous. Le ravalement de façade et quelques menus aménagements lui donneront un aspect plus moderne et agréable. Mais ils ne changeront en rien sa fonctionnalité et son adaptation à notre nouvelle réalité.

L'autre possibilité est de la restaurer. Il faudra alors en refaire un lieu adapté à nos besoins et propice à notre joie de vivre. Nous changeons d'échelle. Malgré le doute, notamment à cause de son coût important, n'est-ce pas la solution? Reconsolider les fondations, conserver la structure et renforcer les murs porteurs?

Ce lieu serait alors à nouveau adapté à notre vie, avec de larges espaces propices aux réunions de la famille qui grandit, et où les baies vitrées auraient remplacé les petites fenêtres.

Reste à s'assurer qu'en son sein chacun ait sa place et connaisse les grands principes de fonctionnement. Que chacun ait conscience de ses pouvoirs et de ses responsabilités, les moyens de faire entendre sa voix, afin que la vie y soit fluide. Faisons de même avec notre maison France, notre Constitution, nos lois et nos institutions.

Même si je suis réservé sur certains aspects de notre constitution, elle a fait vivre notre pays dans une certaine stabilité depuis soixante-deux ans. Ce qui laisse à penser qu'elle est la mieux adaptée au caractère de notre peuple.

Fonder une nouvelle République, rédiger une nouvelle Constitution me paraît donc hasardeux et risque de masquer l'essentiel. Notre régression ne découle pas tant d'une ingénierie constitutionnelle inadaptée que d'une soumission volontaire de nos dirigeants à la technocratie et à la finance mondialisée. Ce qui n'évacue pas la nécessité de certains changements, comme nous le verrons plus tard.

La possession par l'État de l'ensemble de ses prérogatives régaliennes et de sa liberté d'action pour choisir ses politiques et leurs moyens d'action permettrait à la France de se libérer de la dictature globalisée. Notre entrée dans ce système et l'acceptation aveugle que nous en avons faite, l'ont détricotée dans sa dimension nationale autant que dans sa dimension territoriale. En redonnant à notre pays une solide colonne vertébrale, l'État offrirait la possibilité de réengager une véritable politique d'organisation et de développement.

Cher compatriote, vous voyez quels principes et valeurs ont présidé à la création de notre démocratie républicaine.

Techniquement, il n'y a que très peu de points à mettre à jour : pas de révolution. Ce qui manque surtout à nos institutions et aux personnes qui les représentent, c'est le désir profond de servir les Français et l'âme de notre République.

Ainsi pourraient-ils être qualifiés d'homme ou de femme d'État.

Fraternelle amitié,
J. L.

UNE REPRÉSENTATIVITÉ INCARNÉE

Paris

Cher compatriote,

Vous pensez que ce n'est pas en réhabilitant de vieilles structures, fussent-elles celles de la république et l'État, que nous sortirons de l'ornière. Et vous vous interrogez sur ce que pourraient bien faire ces structures passéistes aux limites tant éprouvées ces dernières années.

Selon vous, il faudrait avant tout réinsuffler une dynamique disruptive, un espoir, un projet à notre pays et au monde.

Je comprends votre réflexion et vous demande un peu de patience afin d'aller au bout de mes explications.

La France est une république démocratique. Dans ce régime, la « politique » est l'art d'aviver la pensée, d'approfondir la réflexion, de préparer le projet et de le soumettre au peuple.

Aujourd'hui je ne pense pas que la politique joue pleinement son rôle. Pour que nos concitoyens puissent procéder à un choix éclairé et se persuader qu'ils constituent le peuple souverain, nous devons changer de paradigme et les tenir régulièrement et objectivement informés.

Le président ne devrait-il pas s'adresser régulièrement au pays afin d'expliquer les grands enjeux tant sur le plan national qu'international ? Il évoquerait aussi les grandes orientations à prendre et leurs conséquences dans notre vie de tous les jours. Pourquoi ne pas imaginer aussi que le Premier ministre rende compte régulièrement de l'action du gouvernement et communique les informations majeures qui guident ses choix ? Et ce, non pas dans la langue morte de l'expression officielle et convenue, mais dans notre belle langue accessible à tous.

Les députés relaieraient sur les territoires les débats en cours, les feraient vivre en recueillant le sentiment de leurs concitoyens. Ce qui reconstituerait un sentiment de confiance autant qu'un désir d'engagement.

Ceci implique d'intéresser les médias et tous les organes concernés pour qu'ils jouent eux aussi pleinement leur rôle, en permettant le retour de la réflexion et du débat politiques. Que l'organisation politique soit animée d'une réelle volonté de transparence et que chacun communique des faits objectifs. Ils pourront ainsi dénoncer le système plutôt que les hommes, le tout de manière apaisée et non pour susciter l'événement ou manier la provocation.

Quel est l'intérêt de nous plomber tous les matins par l'annonce de catastrophes réelles ou à venir sans jamais informer sur ce que l'on met en œuvre pour y remédier ? Nombre de nos compatriotes ont quotidiennement à faire face à des situations souvent douloureuses ou inextricables. Les perpétuelles jérémiades de nos médias sont devenues des armes de démoralisation massive et d'abrutissement collectif. Favorisons plutôt le travail d'investigation, d'information, c'est-à-dire le travail journalistique originel, et pas seulement celui des éditorialistes. L'information doit être suivie, documentée, vérifiée, croisée. Là aussi, je vous l'ai déjà dit, je connais nombre de journalistes dont le travail et l'engagement forcent mon admiration. Je tiens une fois encore à le souligner.

Cette animation de notre démocratie exige aussi des partis et des syndicats de s'organiser pour une plus grande représentativité de ceux qui aspirent à prendre des responsabilités publiques.

Mais les partis sont devenus fainéants, ils ont pris les feuilles de route des chemises colorées. Au lieu de former des personnes nouvelles, ils ont préféré recruter des hauts fonctionnaires, des avocats, des ingénieurs, des médecins... Notre monde des élus ne brille donc pas par sa mixité sociale : pas d'ouvriers, peu de cadres moyens, pas d'agriculteurs, de chômeurs... Ainsi, aux yeux d'une écrasante majorité de Français, nous n'allons pas au-devant du peuple, nous nous en sommes éloignés et en avons peur.

On peut me rétorquer que dans un monde qui va si vite, un tel processus prendrait beaucoup de temps. Mais que coûtent l'absence de compréhension, d'adhésion, les amendements au kilomètre? Ne le voit-on pas ces dernières semaines, ne l'a-t-on pas assez vu l'an dernier?

Il est indispensable de mettre en œuvre le concept de « penser contre soi-même » décrit par Michel Foucault, et d'associer dans les réflexions et les débats l'ensemble de la population, y compris celles des positions extrêmes. Au nom de quoi n'écouterions ni n'entendrions-nous pas cette partie de nos concitoyens? Cela suppose de prendre du temps, de travailler en profondeur les dossiers avec les intéressés et de ne pas se laisser aller à la loi du plus fort, du plus célèbre, du plus visible ou du plus fréquentable.

À l'échelle de notre Nation, l'État ne doit-il pas donner une vision afin que chacun puisse se projeter et s'unifier dans un même dessein ? Les actions dans l'urgence, les amas de textes superposés le permettent-ils aujourd'hui ?

Le Président, le Premier ministre et le gouvernement sont maîtres de l'ordre du jour. Ils fixent l'agenda en fonction des circonstances et dans le respect des valeurs de la République. Le gouvernement désigne les « grands commis de l'État » dans les domaines régaliens ; notamment les préfets sur proposition du ministre de l'Intérieur. De mon point de vue, ceux-ci se doivent de servir la France en tenant compte de nos complexités endogènes et exogènes.

Malgré le sentiment de colère, de désespoir ou de révolte, nombre de citoyens aspirent à jouer un rôle plus important dans la vie de la cité. Ils ne souhaitent pas prendre la place de ceux qui assument les responsabilités publiques mais exigent d'être tenus informés, de réfléchir, de donner leur sentiment, d'apporter leur expertise aussi bien dans le cadre des préoccupations locales que dans celui des grands enjeux nationaux. Bref d'exister.

Ne pourrait-on pas imaginer une instance, une sorte de conseil du président de la République, qui pourrait l'aider dans ses choix politiques majeurs en tenant compte des multiples angles de vue ?

Ne serait-il pas aussi pertinent de faire un retour d'expérience sur les actions menées au nom de notre République et d'en tirer les conclusions ?

Le Conseil économique, social et environnemental était originellement chargé d'animer et de donner vie à cette légitime aspiration. Des comités locaux ont vu le jour dans toutes les régions de France. Leurs travaux et propositions sont censées être pris en compte dans l'organisation des grands choix stratégiques du pays. C'est vrai dans le social, le monde économique, sportif, culturel, la recherche et le savoir. N'est-il pas grand temps qu'il renoue avec les lettres de noblesse qui présidèrent à son avènement et soit un centre de résonance de l'opinion publique et du savoir des experts ?

Imaginons ce que donnerait un maillage institutionnalisé étroit entre le CESE, ses comités régionaux, les conseils municipaux, les associations et les chercheurs. Si l'on avait à cœur de les mettre tous en réseau, de les faire travailler dans l'effervescence que procure l'action commune pour la création de projets de grande envergure, nous ne manquerions pas de voir les résultats positifs découler de cette synergie positive et de cette intelligence collective.

Voilà ce qui pourrait constituer la base d'une authentique réflexion humaine. Elle permettrait d'émettre des avis et des propositions déchargées de toute violence, celle-ci parfois générée par une prise de décisions dont la responsabilité reste du seul domaine des élus. Le pouvoir politique serait épaulé pour faire des choix décisifs.

Le moment n'est-il pas venu de relancer une sorte de Commissariat au plan, avec cette fois un pilotage effectif de l'État et des missions claires pour élaborer des propositions et faire de la prospective ? Elle se ferait en collaboration directe avec le CESE et le président de la République. Il serait d'un grand secours pour reconstruire l'État, relancer, prioriser et adapter des politiques globales (transition énergétique, recherche, aménagement du territoire). Pour redonner une vision et du sens partout, à la banlieue délaissée comme à la campagne abandonnée.

Pourquoi ne pas faire travailler de concert ces organes avec les administrations décentrées, en les pilotant réellement ? Ne conviendrait-il pas de recréer ou de redynamiser des structures qui feraient travailler ensemble les sphères publiques, privées et associatives, telles qu'elles existaient au niveau du département et des régions ? Missionner les associations de formation professionnelle pour adultes (AFPA), reliées aux précédentes, afin d'accompagner le chef d'entreprise ou le salarié tout au long de sa vie professionnelle, serait tout aussi essentiel.

Sur le plan agricole, acceptons de reconnaître qu'il est impossible à un jeune de s'installer ou de reprendre seul une exploitation agricole. Il faut retrouver l'esprit des anciennes directions départementales de l'agriculture et leur confier la mission d'accompagner le futur chef d'exploitation jusqu'au moment où il aura trouvé son rythme de croisière. Il s'agit ici comme chez les jeunes artisans et commerçants d'un domaine totalement dévasté. Les agriculteurs appartiennent aux professions où l'on se suicide le plus. En attendant que notre monde agricole retrouve la vigueur économique qui lui fait défaut, il me paraît nécessaire de mettre en place un salaire minimum assuré par l'État pour le conjoint. La renaissance de notre agriculture vitale pour le pays est à ce prix.

Redonner une vision et du sens partout, à la banlieue délaissée comme à la campagne abandonnée.

Le principe des antiques communautés pyrénéennes n'est au fond pas si loin de ces règles de gestion préconisées aujourd'hui. Le préalable à toute initiative était l'apport de la même information à l'ensemble des citoyens et l'assurance qu'ils s'en étaient approprié les grandes lignes. Ensuite, quand il s'agissait de traiter ensemble, chacun veillait à renforcer l'identité de l'autre pour passer le bon contrat avec lui. Son exécution n'enchaînait pas pour autant les contractants, mais tout était fait pour susciter l'engagement. La prise en compte des parties prenantes au projet était le souci primordial. C'est ce que nous appelions : la gestion patrimoniale en bien commun.

Est-ce vraiment une pratique si désuète? Est-elle si différente des principes actuels de gestion de projet agile et d'analyse systémique? N'était-ce pas là une source d'intelligence collective?

Parallèlement, il s'agit de s'interroger sur le respect de la variété des expressions politiques notamment lors des élections législatives.

Actuellement les conditions de la diversité de l'expression politique ne me semblent pas assurées et les élections législatives à la proportionnelle partielle me paraissent être l'outil pertinent.

Si elles l'étaient, le scrutin uninominal à deux tours me paraît le plus approprié.

Je reste aussi attaché à ce mode de scrutin car je crois à la répartition géographique des députés qui, à la proportionnelle intégrale, ne sont plus élus de territoires précis mais de partis. Députés de la Nation, ne puisons-nous pas notre légitimité et notre expertise qu'en tant qu'élu d'un territoire?

C'est la même raison qui me pousse à être favorable au retour du député-maire que la loi sur le non-cumul des mandats a supprimé. Chasser les maires de l'Assemblée nationale, c'est affaiblir sa capacité à prendre en compte la réalité du terrain.

Ainsi, vous vous en doutez, je ne partage pas le souhait de baisser le nombre de députés. Avatar supplémentaire de la rationalisation, ce projet couperait un peu plus les élus du territoire. A-t-on mesuré ses conséquences sur l'extension géographique de nos circonscriptions? Veut-on reproduire les effets désastreux de la loi NOTRe, avec des territoires XXL nous éloignant toujours plus d'une démocratie de proximité, du lien entre les hommes, les femmes et leurs territoires?

Cher compatriote, la logique me semble transparente dans le système qui se met en place : en finir avec le peuple, la représentation, l'État, toutes les constructions qui peuvent entraver la mondialisation et ces mouvements financiers.

Je prône le retour d'un peuple informé, responsable et à nouveau souverain pour choisir celles et ceux qui incarneront le projet qu'il aura choisi et avec qui il construira son futur.

Fraternelle amitié,

J. L.

LE RETOUR DU PEUPLE

Paris

Cher compatriote,

Vous l'avez compris, il me paraît légitime que les Français puissent être objectivement informés et instruits des grands enjeux de notre pays. Et qu'ainsi ils puissent se prononcer sur les choix majeurs engageant le pays à long terme.

Sans remettre en cause notre démocratie représentative, n'est-il pas possible de la faire coexister avec une forme plus participative et tendre à un équilibre approprié à notre contexte ?

Si l'équilibre institutionnel imaginé par le général de Gaulle paraissait juste, c'est que ce dernier ne craignait pas le peuple. L'important pouvoir présidentiel conféré par la Cinquième République trouvait son pendant dans un principe de confiance populaire validé régulièrement par référendum. Ainsi, après avoir perdu celui de 1969, démissionna-t-il immédiatement.

N'y aurait-il pas quelque utilité à redonner de la force au caractère participatif de notre démocratie en réhabilitant le référendum ? Pour mémoire, le dernier date de 2005.

Depuis que le peuple a désavoué la totalité de la représentation politique, plus aucun référendum n'a été organisé.

Je rajouterai à votre désarroi l'utilisation qui a été faite des référendums censés vous donner la parole sur des sujets fondamentaux. Que la question posée soit sans queue ni tête à vos yeux ou que le plus haut sommet de l'État juge que vous avez mal voté, le résultat est le même : l'esprit du référendum est depuis longtemps dévoyé.

À force d'avoir peur du peuple, n'est-ce pas le principe démocratique tout entier que l'on ne respecte plus ?

Je le pense. Aussi suis-je favorable, en plus du référendum traditionnel décidé par le président ou le gouvernement, à l'instauration d'un authentique référendum d'initiative populaire (RIP) ou citoyenne (RIC), en lieu et place de l'inapplicable référendum d'initiative partagée (RIP) en vigueur depuis le 1er janvier 2015.

Je n'entends cependant pas imaginer les référendums à la Suisse. La France n'est pas la Suisse. Le référendum reconstituerait une possibilité d'expression du peuple plus fréquente avec des débats plus apaisés, reposant sur des informations objectives. Il pourrait ainsi trancher sur des questions auxquelles on a pris l'habitude de ne pas répondre.

Il doit être le symbole de l'union d'un peuple derrière son président, un acte de confiance réciproque qui rappelle à l'un qu'il a été élu par l'autre et à l'autre que le premier sait lui donner la parole lorsque les événements l'exigent.

Si plus de la moitié de nos concitoyens ne votent plus ou votent par défaut, il apparaît, comme le montrent les indicateurs et le terrain, que nos compatriotes, et notre jeunesse en particulier, aspirent à s'engager, à être reconnus et considérés. Donnons-leur la parole. Ils feront avancer les choses, ouvriront des voies nouvelles, ils aideront à remettre notre pays sur la bonne voie et constitueront les ingrédients d'une politique redevenue flamboyante et inspirée.

Dans le même esprit, il serait pertinent que 500 000 citoyens puissent signer une proposition de loi que le Parlement aurait l'obligation d'examiner comme s'il s'agissait d'un projet du gouvernement. Sans remplacer la démocratie représentative par la démocratie directe, ne disposerions-nous pas là d'un moyen efficient de redonner la parole au peuple, là où la seule décision parlementaire apparaît insuffisante ?

La prise en compte de cette expression du peuple éviterait que nombre de nos concitoyens ne votent plus ou ne glissent un bulletin « raisonnable ». La comptabilisation du vote blanc me semble ainsi essentielle.

Que se passerait-il si le peuple pensait qu'il n'a plus ni la voix pour se révolter démocratiquement, ni le pouvoir suffisant pour changer fondamentalement le cours de notre histoire, et que le caractère démocratique de ces élections est devenu sujet à caution ? Que le résultat d'une élection est acquis d'avance ? Qu'il en arrive à penser que seule une nouvelle révolution est de nature à rouvrir les portes de la pensée, de la réflexion et du choix ? Ne pourrait-on pas, au lieu de la violence, proposer une « révolution pacifique » ? La reconnaissance du vote blanc y contribuerait.

Comptabilisé, il peut représenter un pouvoir puissant dans la mesure où il est l'expression d'une pensée affirmée : « Aucun des candidats, aucun des projets ne correspond aux attentes. »

Que faire si lors de la prochaine présidentielle « M. Blanc » arrivait en tête ? Ses deux poursuivants seraient-ils automatiquement qualifiés pour se disputer la finale ? À ce jour, aucune disposition légale n'est prise pour un tel cas de figure.

Imaginons qu'un président soit quand même élu dans ces conditions. Des élections législatives se tiendront cinq semaines après. Et si le peuple souverain se déplaçait pour voter « blanc » aux législatives dans trois circonscriptions sur quatre ? Imaginez-vous le choc produit. Le peuple français donnerait un message au monde entier : « Peuples souverains, votre parole est d'or ! »

N'est-il pas temps de considérer l'importance et le message du vote blanc, avant même la fin du présent quinquennat ?

Acceptons cette réalité : nombre de nos concitoyens ne se reconnaissent plus dans les programmes proposés. En même temps, ne serait-ce pas là une formidable opportunité pour les associer à un projet mobilisateur pour les faire exister ?

Et si malgré les référendums et le vote blanc, comme je l'ai écrit dans une précédente lettre, le président reste sourd à la voix du peuple, « protégé » par la concomitance des mandats présidentiel et législatif ? Je suggère de passer la durée du mandat présidentiel de cinq à six ans, ce qui ouvrirait un nouveau contexte politique. Le peuple aurait ainsi la capacité de redonner un blanc-seing à la politique du président ou, au contraire, d'élire une majorité différente.

Certains pourraient répondre que nous risquerions de nous retrouver dans une situation de cohabitation qui ne constitue pas l'un des meilleurs atouts de la Cinquième République. Peut-être. Cependant nul n'est capable d'écrire l'avenir. Acceptons donc de refaire confiance à un peuple qui vote en étant instruit de la réalité.

Le président pourrait à nouveau user de la dissolution de manière effective. En abuser serait se discréditer lui-même. Le peuple ayant la possibilité de se prononcer plus souvent et dans toute sa diversité, se chargera de le lui signifier. Ainsi, compte tenu de ses prérogatives retrouvées, le président de la République se devrait de renouer avec le principe d'engagement sur l'honneur, emblème de la Cinquième République et non dans celui de sa carrière, de ses intérêts ou de ceux de ces « créanciers ». Il est la contrepartie de l'importance des pouvoirs qui lui sont conférés par notre République.

Cher compatriote, le mouvement des Gilets jaunes a confirmé la soif d'expression et de reconnaissance qui habite le peuple français, sa volonté immarcescible de garder son avenir en main. La régénération démocratique me semble ne passer que par lui.

Le peuple de France n'est jamais aussi grand que dans l'enthousiasme et l'expression de sa volonté et jamais aussi petit que dans la peur et la soumission.

Fraternelle amitié,
J. L.

LA FINANCE AU SERVICE DE L'ÉCONOMIE

Paris

Cher compatriote,

À plusieurs reprises nous avons évoqué cette finance globalisée et cette ploutocratie que je considère si préjudiciables.

Dans votre dernière lettre, vous me parlez aussi de « monstrueuse coalition ». Je me suis efforcé de comprendre ce que vous vouliez me dire. Par *coalition* vous entendez la finance spéculative globalisée. Vous la jugez « monstrueuse » et vous en faites l'« Ennemi » qui aurait pris possession de notre intelligence et de notre volonté d'exister. Nous serions en état d'occupation.

En faisant cela, vous touchez beaucoup de nos concitoyens, qui, sans oser le dire, en sont convaincus. Ils ressentent plus ou moins confusément que le cœur du problème est là. N'est-il pas hallucinant que les quarante-deux personnes les plus riches détiennent 50 % des richesses mondiales ?

Vos termes rappellent ceux utilisés aux prémices des événements dramatiques du vingtième siècle. Aussi, ai-je marqué un temps de réflexion à ce sujet avant de vous répondre. Pourquoi ?

D'abord, parce que si les mêmes problèmes financiers avaient, au travers des siècles, entraîné les mêmes réactions humaines, notre humanité n'y aurait certainement pas survécu. Rappelons que la France a été en état de défaut de paiement à dix reprises depuis le XVIe siècle, la dernière fois en 1812 ! Et elle est toujours là ! À nouveau dans la même situation.

Ainsi, ce n'est pas parce que nous affrontons le même « ennemi », qu'il y a un siècle, que l'histoire va se répéter.

Je l'ai expérimenté. Il existe toujours des moyens divers pour faire face à un adversaire. Je crois à la reconstruction d'un bonheur eudémonique pour notre pays et nos compatriotes. Il me semble essentiel de bâtir et non pas de démolir, d'avoir une volonté de paix et non de guerre.

Au cours de ma marche en 2013, j'ai découvert tant de recherches, tant de projets, tant d'initiatives à soutenir, tant de territoires et de ressources à chérir…

Je m'interrogeais alors : Comment rendre possible le bien commun quand tout est régi par le seul bien individuel pour le malheur commun ? Comment changer le système ? Comment transformer l'énergie mise à rechercher le profit en énergie à rechercher le bien commun ?

Là aussi l'État, lors de la maîtrise d'ouvrage, se devrait de donner priorité à des investisseurs privés mus par un idéal : celui de faire vivre leur entreprise autant que de contribuer à la prospérité de leur pays.

La priorité ne serait-elle pas de rompre la subordination du politique à la finance ? Le courage et la prise de risque en la matière ne resteraient plus incantatoires. Ne serait-ce pas la solution majeure pour en finir avec la destruction de nos industries et de nos emplois, avec la soumission de notre économie ? Le moyen d'arrêter la course au gigantisme qui obsède tant de dirigeants de nos multinationales qui multiplient délocalisations, fusions-acquisitions et autres opérations de concentration du pouvoir économique.

Après tant et tant de manifestations, ne perçoit-on pas l'étrange frisson qui annonce les changements de temps ?

Mon cher compatriote, nous ne sommes pas devins et loin de nous l'idée de nous livrer à la moindre prédiction. Il ne s'agit pas là de tomber dans la paranoïa.

Acceptons simplement, en toute modestie et avec lucidité, que le temps de la prise de conscience est venu.

Il n'est peut-être que minuit moins dix.

Cette prise de conscience ne nous oblige-t-elle pas, tant que le sang n'a pas coulé, à revenir à l'économie réelle tendue vers autre chose que le seul bonheur hédoniste ? Ce sera une économie utile à cet art du vivre ensemble au sens large, tournée vers les nouvelles sources d'énergie, ouvrant à nouveau les portes de l'agriculture et du bien-manger, celles de l'industrie, du numérique ou des services, celle du travail avec du sens.

La spéculation dominante remettra alors les clefs au pouvoir politique.

Les Gaulois craignaient que le ciel ne leur tombât sur la tête. En réalité ce furent les légions romaines qui eurent raison d'eux. Soyons clairvoyants dans notre diagnostic. Une fois encore le péril vient de l'attitude de l'homme à l'égard de l'homme.

La fortune de Bernard Arnault atteint les 75 milliards d'euros. Si on la rapporte au salaire minimum interprofessionnel de croissance (SMIC), cela représente plus de quatre millions d'années de travail. C'est également le cas des six personnalités qui suivent M. Arnault dans le classement des plus grandes fortunes françaises. Mais que pèsent-ils dans le monde par rapport à l'immense fortune des GAFA ? Peu de choses en vérité.

140 milliards d'euros (7 % du PIB français) seraient placés par les 3 520 ménages les plus riches dans des paradis fiscaux. Ces familles sont les heureuses bénéficiaires des mesures prises par le président Macron dès 2017 en faveur des plus riches avec la transformation de l'impôt de solidarité sur la fortune (ISF) en un impôt sur la fortune immobilière (IFI). Cela les a-t-il incités à rapatrier leur argent en France ?

Certes, la philanthropie des grandes fortunes peut-elle se précipiter au secours de Notre-Dame de Paris, avec une défiscalisation à 66 %. Compte tenu des conditions dans lesquelles elle est consentie ne serait-elle pas plus bénéfique au donateur lui-même qu'à Notre-Dame de Paris ? Participe-t-elle réellement à la cohésion de notre pays ? Au sentiment d'équité de nos compatriotes qui ne perçoivent pas le même engouement spectaculaire pour d'autres églises ou monuments moins visibles et auxquels ils sont attachés ?

Les États et les institutions ont renoncé à réguler, réglementer ou protéger.

Si peu de personnes détiennent la richesse de la planète, combien d'hommes et de femmes dotés d'une bouillante énergie et d'une puissante volonté d'entreprendre sont étouffés sur les marchés publics et privés par la puissance de ces quelques dizaines de multinationales ? Ceux-là sont pourtant bien souvent déterminés à servir notre économie réelle.

Ne conviendrait-il pas de séparer les activités spéculatives d'une part, les banques de l'économie réelle d'autre part, en cloisonnant leurs financements pour protéger les fonds des particuliers, de nos TPE/PME de l'industrie, du commerce, de l'agriculture… ? c'est-à-dire « séparer les banques », distinguer d'un côté les banques classiques, celles de l'économie réelle, de l'autre les fonds spéculatifs qui jouent sur les marchés financiers leur propre argent et celui de gros investisseurs ? La chute des unes n'entraînerait plus de facto celle des autres !

Protéger nos économies et la trésorerie de nos entreprises en empêchant les fonds spéculatifs d'y pénétrer est une priorité. S'ils venaient à tomber, ils ne doivent plus pouvoir entraîner nos économies, nos PME et les particuliers dans leur chute.

J'ai eu l'occasion, lors de la dernière campagne présidentielle, de proposer un certain nombre de dispositions pratiques.

Quelles économies les finances de l'État pourraient-elles retirer d'un audit et d'une nouvelle mise en concurrence de ses fournisseurs, particulièrement les laboratoires pharmaceutiques et ceux de l'armée française ? Nous avions également proposé un retour à hauteur de 10 % de l'État français dans toutes les sociétés du CAC 40. Cette disposition est loin d'être uniquement symbolique. Elle permettrait d'être à nouveau informés des orientations stratégiques et des priorités financières.

Pour retrouver des marges de manœuvre, sans lesquelles rien n'est possible, il pourrait être fait appel à l'emprunt d'État. Le peuple participe volontiers à ce genre d'initiative dès lors que les projets ont du bon sens et sont expliqués. Nous pourrions ainsi détenir le financement de la recherche et des premières réalisations en matière d'énergie renouvelable.

Cher compatriote, je suis touché que mes explications et suggestions vous interpellent. Vous vous interrogez sur le manque de prise de conscience, alors même que tout le monde est informé de cette situation. Je me permets de vous suggérer de mener votre propre enquête pour en cerner les raisons. Pour ma part je me demande s'il ne s'agit pas là d'un renoncement.

N'avons-nous pas renoncé une fois encore à être et à exister ? N'avons-nous pas renoncé à tenir le rang auquel notre histoire nous avait situés ?

Depuis trente ans, peut-être quarante, ce renoncement s'est à nouveau installé. François Mitterrand, Jacques Chirac, de manière plus tristement éclatante Nicolas Sarkozy et François Hollande ont été réduits à l'impuissance par la force du système financier. Leur renoncement n'aurait-il pas été à l'origine de la victoire fracassante de M. Macron programmée par les maîtres du système ?

La globalisation financière est affublée du joli terme de « nouveau monde ». Est-ce un signe de son triomphe pour de longues années ?

Le pouvoir réel du chef de l'État s'est réduit à peau de chagrin, les autres ont suivi. Notre dette a dépassé le montant de notre PIB, la Commission européenne nous a épinglée avec notre voisin italien pour cause des « non-conformité » aux règles européennes... Qui peut encore croire que, dans une telle situation, nous puissions faire quelque chose ? Quid de notre souveraineté nationale, c'est-à-dire de notre capacité à décider et à agir ?

Que faire si ce n'est mettre des centaines de milliers de manifestants dans les rues des semaines durant ? Que pouvons-nous mettre en œuvre dès lors qu'une grande part de notre dette est devenue la marge des banques ?

Je vous ai rappelé quelques-unes des propositions que j'avais faites lors de la campagne présidentielle.

Je vous en propose une autre dans le même esprit : la réalisation d'un « audit citoyen » de la dette publique visant à en examiner la composition, ce qu'elle a permis de financer, ses conséquences sur l'action publique de notre pays. Son cahier des charges pourrait être signé par l'ensemble des candidats et engagerait l'élu. Le processus et les conclusions de cet audit factuel, indépendant, seraient présentées aux citoyens et permettrait à la représentation nationale, appuyée par ses mêmes citoyens, ainsi qu'à l'exécutif de proposer un plan d'action compris de tous.

Cher compatriote, ce ne sont que des propositions. Qui pourrait nous empêcher de les réaliser ? Vous savez comme moi que notre pays envoie des signes de plus en plus tangibles d'impatience. À l'image de nos aînés, il pressent, comme le disait Peter Drucker, « que la meilleure façon de prédire l'avenir, c'est de le créer » et que ce grand dessein dépend de sa seule volonté.

Agissons, nous, politiques, pour que nos capacités de réponses soient à la hauteur des aspirations du peuple français.

Fraternelle amitié,
J. L.

ENSEIGNEMENT ET TRANSMISSION DU SAVOIR

UNE CLEF D'AVENIR

Lourdios-Ichère

Cher compatriote,

Vous savez combien je suis sensible aux inégalités, entre métropoles et campagnes certes, mais plus largement de tout ordre.

Nous avons le plus formidable outil pour réduire nombre d'entre elles et participer à créer ce que l'on appelle « l'ascenseur social » : l'école. Pour le remettre en mouvement, il nous faut une vision, un projet d'ensemble, d'éducation et de transmission, depuis l'enfance jusqu'au soir de la vie.

À la fin du XIXe siècle, alors que notre pays avait frôlé la dislocation, la Troisième République décida qu'aucun enfant ne devait rester à l'écart de l'instruction publique. Il s'agit aujourd'hui de transmettre des savoir-faire, d'enseigner langue et culture, de préparer à un avenir professionnel, c'est-à-dire d'apprendre à apprendre et d'apprendre à penser. Apprendre à lire, écrire, à compter, à devenir un citoyen éclairé.

L'école de la République est de loin l'institution la plus importante de notre pays ; la source de nombre de nos maux quand elle est en échec et la solution à presque tout quand elle retrouve son excellence. Or, le classement PISA sur les performances scolaires nous classe au vingt-sixième rang parmi soixante-dix pays. Par ailleurs, l'école française reste l'une des plus inégalitaires. Tant de moyens, tant de compétences et tant d'efforts pour un tel résultat. J'entends ici et là les discours rassurants de certains pédagogues, sociologues ou cadres du ministère de l'Éducation nationale qui cherchent à expliquer qu'en réalité, le niveau ne baisse pas, qu'il faut prendre la problématique dans sa globalité, et que finalement tout va plutôt bien.

J'ai rencontré des enseignants : « La réforme du CP et des petites classes en zone prioritaire, c'est positif, nous pouvons nous occuper mieux des enfants ». Est-ce vraiment le cas sur une immense partie du territoire où les élus, la communauté enseignante et les parents d'élèves ont consenti à des regroupements pédagogiques pour garantir l'existence d'une maternelle ?

Auparavant, l'administration pouvait, d'un trait de plume fermer le regroupement pédagogique intercommunal (RPI). Ce n'est plus le cas, on n'attaque plus le RPI dans son intégrité mais on retire un demi-poste, voire deux. Dès lors toute l'organisation se voit mise à mal de manière insidieuse. Plus de maternelle, plus d'élèves pour les cours supérieurs ensuite. Contraints d'aller ailleurs, ils ne reviennent pas. Qu'en est-il du dédoublement du CP dans ces ensembles-là ? Rien. C'est le RPI tout entier qui, miné à la base, s'effondre en deux ans.

Ne serait-il pas plus judicieux de dire la vérité ? Ce sont des territoires entiers qui se retrouvent « privés » de l'école de la République. Dès lors comment leur faire croire en la parole et au bon sentiment de l'État ?

Cher compatriote, le véritable enjeu concerne la perception par la population des évolutions de notre système scolaire. Ne faudrait-il pas veiller à inclure les familles en leur redonnant confiance en la capacité de l'école à réduire les fractures, à rejouer un rôle « d'ascenseur social » et d'être ainsi réellement inclusive ?

Fraternelle amitié,
J. L.

LA LANGUE FRANÇAISE

Paris

Cher compatriote,

L'une des réalités qui vous obsède est le niveau de maîtrise de la langue française. Vous ajoutez : il s'effondre. Moins de mots pour comprendre, penser le monde et donc penser tout court, ce qui met la liberté de chacun en danger.

Je partage totalement votre point de vue et ne crois pas être le seul. Qui eût dit il y a cent cinquante ans à peine que la langue de Shakespeare écraserait un jour celle de Victor Hugo ? Oh, il ne s'agit pas du meilleur de Shakespeare. Je parlerais plutôt d'un globish planétaire, en mode aiguilleur du ciel et sur fond d'« anglo-dollar ». Mais la principale menace n'est pas là. Nous ne croyons plus en nous et participons de la démission.

Redonnons donc à notre merveilleuse langue sa place, celle de l'émancipation et de l'indépendance d'esprit porteuses de liberté. L'enseignement du français à l'école primaire devrait être totalement repensé. Sans la maîtrise de notre langue, toutes les réformes ne pourront qu'échouer.

Chaque journée d'école devrait s'ouvrir et s'achever par la lecture professorale d'une page d'un chef-d'œuvre de notre littérature. Quand je dis notre, j'inclus Dostoïevski, Cervantes ou Shakespeare. Pourquoi ne ferions-nous pas jouer aux enfants les pièces de Molière, Corneille, Claudel, Bernard-Marie Koltès... Qu'on organise des concours de nouvelles et de poésie. Qu'un exercice de rédaction collective soit l'un des fils conducteurs de l'année scolaire (roman, projet de loi...). Que chaque mois, chaque élève écrive une lettre manuscrite pour un proche, un ancien dans sa maison de retraite, un petit Québécois ou un petit Malien, une star, un élu... pour n'importe qui du moment qu'il écrit, imagine, travaille son orthographe, sa grammaire et son expression.

Le cerveau des enfants de cet âge est une éponge et plusieurs langues peuvent s'y installer facilement. Ma défense de la langue française n'est en aucun cas excluante. Je parlais trois langues à sept ans. Tout en priorisant les efforts sur la maîtrise du français, il serait bon que les élèves apprennent deux autres langues, deux langues étrangères, ou l'une étrangère et l'autre régionale.

Nous n'avons sans doute pas besoin de maîtriser parfaitement à l'oral et à l'écrit qu'une seule langue, la nôtre. Pour les autres, les erreurs de grammaire et de syntaxe ne sont pas un drame. À quoi bon connaître par cœur les verbes irréguliers anglais et les déclinaisons allemandes, si c'est pour être incapable de tenir une conversation ? Avec les langues étrangères, nous faisons, à mon sens, les choses totalement à l'envers. On cherche à les enseigner comme une langue maternelle. Mais celui qui aura besoin d'exceller à l'écrit se perfectionnera plus tard. L'important c'est l'expression orale et la découverte culturelle.

Cher compatriote, quoi qu'il en soit, aucun enfant ne doit sortir de l'école primaire sans avoir appris à lire, compter et écrire en français, qu'il soit arrivé en France nuitamment ou que sa famille soit antérieure à Vercingétorix. Nous en avions déjà parlé, et j'avais apprécié votre volonté de porter cette cause devant le peuple. Vous aviez imaginé que cela puisse se réaliser dès la prochaine élection présidentielle afin que le vote lui confère un caractère impérieux.

Je m'incline devant l'idéal qui vous habite.

Fraternelle amitié,
J. L.

ENSEIGNEMENTS PRIMAIRE ET SECONDAIRE

Paris

Cher compatriote,

Je vous trouve décidément très inspiré. Vous m'expliquez que l'école tant primaire que secondaire est selon vous la clef, l'espace et le temps où se joue l'essentiel de notre fondation. Je ne peux que vous rejoindre, c'est ici que nous devons concentrer nos efforts, notre imagination et notre argent. Suivons chaque enfant avec les moyens humains et matériels nécessaires.

Travaillons à « resanctuariser » l'institution et la fonction enseignante. Aucune agression, aucune contestation de l'autorité légitime ne sera tolérée. Nous devons agir pour que l'instituteur et le professeur retrouvent leur caractère de hussards noirs de la République. J'utilise à dessein le terme d'instituteur et de professeur, non parce que je ne connais pas les nouveaux termes, mais parce que ce sont ceux que vous utilisez au quotidien. Ne serait-ce pas en leur redonnant les moyens de rétablir le respect à leur égard que nous élèverions leur statut et revaloriserions leur image dans la société.

C'est par le respect de l'autorité fondée autant sur la compétence que sur l'individu que l'enfant retrouvera son assise : de l'élève vers le maître et du maître vers l'élève. Apprendre à vivre en société, respecter son instituteur, ses camarades, se parler avec bienveillance, écouter les autres, s'exprimer en *assertivité*.

Cela passe aussi par une formation adaptée et une revalorisation de la rémunération des enseignants, particulièrement dans les zones dites « sensibles ». Comment concevoir que la France fasse partie des pays de l'Organisation de coopération et de développement économique (OCDE) où les enseignants sont les moins bien rémunérés ?

L'enseignement est un métier. Il ne s'improvise pas, nécessite la connaissance et la maîtrise de techniques. Cette formation doit, à mon sens, répondre au principe d'éducabilité : tout le monde est éducable. Plus personne ne doit dire « ce gamin n'a rien à faire là ». Chaque enfant a sa place et ses talents. Notre école se doit d'être fièrement inclusive.

Sur un plan organisationnel, il existe déjà un conseil d'école avec des représentants de parents d'élèves, le directeur d'école, les représentants de la mairie et éventuellement un psychologue de l'éducation nationale. Renforçons-le. Si ce conseil joue son rôle, je crois que le moteur le plus important de l'inclusion est la formation du corps enseignant, et des autres proches acteurs, sans oublier le psychologue.

À l'instar de nos amis belges qui le pratiquent à grande échelle depuis longtemps, et de quelques académies en

France l'apport d'une formation à l'approche neurocognitive pourrait être tout à fait majeur.

Pour retrouver notre niveau, pourquoi ne pas s'inspirer des bonnes pratiques en la matière : reconnaissance du droit à l'erreur, du talent de chacun, plus grande écoute des motivations, des besoins de l'enfant ? Les enseignants seront ainsi outillés dans leur travail de détection et d'accompagnement des différences et le repérage des appétences. Celui-ci est peut-être de la graine de Gustave Eiffel, d'un savant, d'un médecin. Celui-là est doté de l'intelligence de la main, susceptible d'imposer sa volonté à la matière. Il peut devenir chef d'entreprise, artisan, ouvrier reconnu. Cet autre est peut-être une graine d'artiste. Ils verront aussi le daltonien ou le dyslexique, celui que sa grande timidité ou sa difficulté à s'intégrer au groupe handicapent à la base.

Chemin faisant, cela permettra à notre école de mieux s'adapter au rythme de chacun. Ainsi ceux qui le peuvent rapidement ou de façon standard intégreront un cursus scolaire ordinaire, et ceux dont il convient de s'occuper de manière différente iront dans une école adaptée à leur singularité. Continuons d'améliorer encore leur suivi pédagogique, à mieux former et revaloriser leur accompagnement. Tous les enfants de la République doivent pouvoir bénéficier d'un traitement adapté à leur personnalité.

Pourquoi ne pas décider de façon volontariste de créer de véritables métiers, avec une formation et un référentiel défini, en remplacement des postes d'AVS (auxilliaires de vie scolaire) disparus avec la fin des contrats aidés et d'AESH (accompagnant des élèves en situation de handicap) cette fois en contrat à durée indéterminée et non après deux contrats de trois ans ?

Nous avons tant à faire dans ce domaine. L'enjeu est crucial pour redonner à chacun sa chance. Nous ne pouvons pas rester les derniers de la classe européenne en matière d'inclusion, notamment des enfants en situation de handicap.

Ne pourrait-on pas aussi inculquer et développer l'esprit des arts martiaux à l'instar de certaines associations de banlieues parisiennes qui œuvrent pour accroître l'assurance des jeunes et leur citoyenneté? L'enfant apprendrait la maîtrise de soi. Il en retirerait confiance en lui et équilibre.

Les arts martiaux véhiculent des valeurs fondamentales : l'humanité, l'abnégation, le respect de l'autre… Ils aident aussi à se sentir plus rassurés quand le chemin du retour à la maison n'est pas des plus sûres.

L'approche neurocognitive et tout ce qu'elle peut apporter avec un apprentissage précoce (*assertivité*, gestion des émotions et des crises…) gagnerait aussi à être déployée pour les élèves.

Enfin, devant le désir grandissant de nos jeunes de se retrouver entre eux, de vivre et découvrir ensemble, nous pourrions leur apprendre à chanter, en plus des cours de musique. Le chant constitue un formidable vecteur de fête et de retrouvailles qui ne coûte rien. Il est susceptible d'apporter tant de plaisir et de convivialité.

Il y aurait aussi beaucoup à faire s'agissant de l'enseignement secondaire. Je crois à la revalorisation des savoirs techniques et technologiques tout en assurant l'égal accès de chacun à un socle commun de connaissances.

Est-on obligé de maintenir tous les adolescents dans une filière dite « générale » jusqu'à l'âge de 16 ans?

Beaucoup trop de gamins s'y ennuient profondément et longtemps.

Tout en assurant le socle de connaissances, de compétences, n'y a-t-il pas une alternative au « collège unique » dans sa forme actuelle? Un « technicien » ne doit-il pas posséder nombre de connaissances en sciences, s'exprimer avec aisance pour comprendre le besoin de son client, formuler ses propositions, communiquer efficacement?

Je suis partisan d'une orientation plus rapide notamment par une réhabilitation des lycées et de l'enseignement professionnels existants. Par ailleurs, la formation des enseignants en neurosciences participerait à mieux détecter les talents et appétences de chacun. Dispensons un enseignement général et technique de haute qualité.

L'alternance demande à être encouragée et facilitée. Beaucoup de jeunes sont attirés par ce qui est pratique, visible, palpable, un projet auquel ils participent directement et dont ils voient l'aboutissement. Le maître d'apprentissage, chef d'entreprise, artisan, technicien, professionnel, trouvera de la joie à transmettre à ceux qui s'intéressent à son métier. Dans bien des cas, l'élève succédera au maître.

Aujourd'hui l'artisan, le patron de TPE, PME ne se rémunère parfois pas lui-même ou très peu. Le coût de l'apprentissage ne devrait-il pas être versé pour totalité ou partie par l'État? Le corollaire : le professionnel aura la responsabilité de former le jeune selon les critères définis. La délégation n'excluant pas le contrôle, il est de la responsabilité de l'État de s'assurer de la qualité des enseignements dispensés, y compris pour la partie pratique.

Entre ses quatorze et dix-sept ans, l'adolescent pourra expérimenter une voie professionnelle, découvrir et apprendre un métier. Il aura ainsi moins de difficulté à se faire employer et l'employeur pourra se relancer en sachant qu'il peut compter sur une main-d'œuvre efficace.

Il m'est insupportable d'entendre tant de TPE, PME, ETI (entreprise de taille intermédiaire) et d'artisans se plaindre de ne pas trouver de main-d'œuvre qualifiée, alors que dans le même temps, tant de jeunes se cherchent, basculent dans des bandes de mauvaise compagnie… Ce serait une formidable occasion de leur apprendre la valeur travail, ses exigences et ses apports pour se construire.

Tout au long de sa scolarité, chaque enfant pourrait régulièrement rencontrer un professionnel dans les secteurs qui suscitent son intérêt ou dans d'autres qu'il ignore. Les voies professionnelles ne seront plus considérées comme des voies au rabais. Revalorisées, réorganisées, elles redeviendront attractives, tout en maintenant des passerelles pour permettre de réintégrer un enseignement général ou d'autres formes de spécialisation.

Enfin l'esprit de nos enfants devra être formé à créer, penser, analyser. Leur apprendre à éveiller leur sens critique plutôt qu'à subir, à produire plutôt qu'à consommer passivement ce que les GAFA leur mettent sous le nez. Être formé à Internet devient une nécessité absolue. Nos enfants sont submergés par l'ivresse de la suractivité et de la surconsommation, effaçant les rares interstices de liberté. Avoir du temps devient un luxe encombrant et inutile aux yeux de beaucoup.

Quelle place prennent la réflexion, le recul et le sens critique ? Quand trouve-t-on le temps de se pencher sur soi-même ? L'homme n'a pas changé depuis Pascal qui soutenait que se tenir une heure sans rien faire dans sa chambre relève de l'exploit. La pression de la société est si forte qu'un quart d'heure d'inactivité ou d'absence d'écran semble au-delà du supportable. D'où cette étonnante statistique : aujourd'hui, la planète compte plus de smartphones que d'êtres humains. Les outils de communication et les diverses machines pensantes sont plus nombreux que le nombre de cerveaux à connecter entre eux. Quand des machines s'occuperont-elles de l'éducation, de l'alimentation, des loisirs ou des lectures (si tant est que la lecture fasse encore partie des logiciels...) ?

Notre école devrait prendre la mesure du danger et des dérives du « tout numérique ». Elle devrait remettre à disposition de nos jeunes le papier et le livre que l'on peut surligner, annoter, sentir. Certes, nous n'avons jamais autant lu que sur Internet, ni écrit que sur Twitter ou Facebook mais bien souvent ce ne sont que morceaux et parcelles décousues d'un monde bien plus complexe.

Cher compatriote, les nouvelles techniques doivent être un levier de connaissance, d'apprentissage, de communication et d'échange. Non une contrainte, voire de véritables armes destructrices.

Vous me l'avez tant et tant de fois répété, cher compatriote : « Si nous n'intervenons pas, la révolution technologique fera de nos enfants des serviteurs et des esclaves. » Je sais à quel point vous voulez en refaire des maîtres !

Cher compatriote, votre conscience ouvre à son tour la mienne. J'en suis à me demander si vous n'aviez pas raison sur toute la ligne. Rien ne sera sans une volonté retrouvée, éclairant notre cœur et notre raison. Elle dessillera nos yeux. Tout redevient possible avec une éducation, une instruction, et une transmission du savoir, adaptés à notre temps.

Vous êtes un visionnaire, cher compatriote !

Fraternelle amitié,
J. L.

UNE POLITIQUE DU LIEN VÉRITABLE

SERVICE CIVIQUE ET MILITAIRE

Paris

Cher compatriote,

Quelle puissance de travail ! Vous n'arrêtez décidément jamais. Votre dernier courrier me fait toucher du doigt ce que je pressentais. Votre référence au rapport de l'OCDE montre que, malgré l'accès généralisé à l'éducation de la petite enfance et sa gratuité, les chances de réussite professionnelle des jeunes restent très inégales. Elles dépendent fortement du quartier où ils grandissent et du capital humain et social de leurs parents.

Vous me faisiez part de l'abîme entre les étudiants de province et ceux des grandes écoles parisiennes. Cette inquiétude, je l'entends dans mes échanges fréquents avec des habitants de banlieue, comme dans d'autres villes et territoires de province. Je me suis aussi questionné sur le devenir du service militaire. L'une de ses vertus était de permettre un intense brassage social.

Ainsi je défends la mise en place d'un service national, militaire ou civil. À partir de seize, dix-sept, dix-huit ans, les jeunes Françaises et Français effectueraient idéalement un service de dix mois, entre le 1er septembre et le 30 juin.

Il est indispensable que ce service soit obligatoire. Ce serait une magnifique opportunité de déceler les aspects positifs d'une situation contraignante et de découvrir plus amplement le « vivre ensemble », ce qu'il engendre comme droits et devoirs. Le jeune pourrait démystifier cette notion de contrainte souvent vilipendée. Tous ces jeunes, de diverses origines géographiques et sociales, passeraient près d'un an ensemble au service de la collectivité, au service de la France !

Il pourrait concerner près de 800000 jeunes chaque année. Cela constitue un vivier considérable pour améliorer la vie de la collectivité. Il les faudrait partout, nos jeunes citoyens ! Pour appuyer les belles actions des associations, en renfort dans les écoles, dans nos collectivités, dans les cités et dans les champs, dans les geôles, dans l'armée aussi. Ils pourraient s'occuper de nos « anciens », nettoyer nos espaces pollués de déchets, aider à la reconquête de nos immenses territoires ruraux livrés aux herbes folles de l'oubli.

Ce service permettrait une remise à niveau scolaire ou une formation accélérée. Ceux qui maîtrisent mal la lecture et l'écriture seraient soutenus sur ce plan. Certains pourraient découvrir des métiers (la mécanique, la maçonnerie, la menuiserie, des métiers administratifs...) et apprendre des savoir-faire. Cela les aiderait à construire leur futur parcours scolaire et professionnel. Ce pourrait être aussi l'occasion de passer le permis de conduire, après avoir négocié un accord avec les auto-écoles.

Les jeunes gens en ressortiraient grandis d'avoir rencontré leur prochain et de l'avoir servi. Heureux d'avoir pu apprécier d'autres jeunes Français que des barrières sociales et culturelles maintenaient loin d'eux, ils apprendraient le goût de l'effort partagé et le sens du mot fraternité. Déclinant toutes les réalités de la France d'aujourd'hui, cette année sous les drapeaux, leur permettrait de chanter ensemble *La Marseillaise* !

Réenchanter la jeunesse, c'est lui redonner une perspective d'avenir et le sentiment d'appartenance à une communauté large et à une patrie. Futurs juges, agriculteurs, chefs d'entreprise, chercheurs ou ouvriers, ils repartiraient en échangeant leurs « 06 ». L'État leur offrirait une année de cotisation de retraites et une première ligne porteuse pour un CV à construire.

Cher compatriote, vos amis ne croient pas à la faisabilité de ce projet. « Trop cher et qui va payer ? », « Où et comment les loger ? », « Qui assurera leur encadrement ? », « Qui est susceptible d'assurer la cohésion de l'ensemble ? » Qu'espériez-vous ? Ces inquiétudes sont légitimes vu l'état d'abandon dans lequel a sombré un pays qui ne se porte plus aucune estime.

Lorsque j'ai proposé cette mesure dans mon projet, elle était la plus chère de toutes. Mais que représente ce coût lorsqu'on décide qu'il n'y a rien de plus beau que la paix entre les humains ? Demandez donc à vos amis de se pencher sur ce qui reste des livres d'histoire pour se faire une idée du désastre d'une guerre civile. Et ils réaliseront le caractère essentiel d'un tel projet.

Cher compatriote, tout cela ne peut se concevoir qu'à partir d'un paradigme nouveau : celui d'un pays redevenant lui-même et réunissant l'ensemble de ses enfants en voulant en finir avec tant de clivages sociaux, culturels, ethniques, ou territoriaux ; un pays ambitieux qui aspire à retrouver son unité.

Fraternelle amitié,
J. L.

LIENS INTERGÉNÉRATIONNELS

Lourdios-Ichère

Cher compatriote,

Vous me parliez l'autre jour de vos proches, de votre dilemme à propos de votre grand-mère, seule à la campagne dans sa maison devenue trop grande. Vous envisagiez même un placement dans une structure adaptée.

Je connais bien ces problématiques qui interrogent sur la place à donner aux « seniors ». Même ce marché que nous avons vilipendé leur reconnaît une ressource économique par la création de services et d'emplois nouveaux. C'est la « *silver* économie ».

Du point de vue des valeurs, les seniors représentent une richesse de compétences et de savoirs aussi formidable que peu utilisée. L'espérance de vie des Français a augmenté de vingt ans en l'espace de trois générations. Un homme ou une femme de soixante-cinq ans est encore bien souvent en pleine possession de ses moyens physiques et intellectuels. Certains s'impliquent dans des activités associatives, d'autres permettent à leurs enfants de travailler en gardant leurs petits-enfants. Mais ce potentiel reste largement sous-exploité, tant nos besoins sont grands. Compte tenu des normes en vigueur, les anciens ne savent pas toujours à qui s'adresser, se sentent facilement de trop, ont le sentiment de déranger.

Tant d'entre eux démontrent combien leur présence est féconde dans les milieux associatifs. De quel droit les empêcherait-on de rendre les mêmes services dans d'autres domaines, voire de créer des emplois ?

La mise en place d'une agence publique de l'activité des seniors pourrait faciliter la mise en relation entre un besoin et une offre. Du soutien scolaire aux cours de mécanique ou de cuisine, des activités associatives à celles de médiation, chacun pourrait se rendre utile auprès de la collectivité.

Il ne s'agirait pas de remettre ces personnes au travail, mais dans des activités différentes et adaptées à leurs compétences et expérience. Une compensation financière ne tomberait-elle pas à point nommé pour arrondir quelques maigres retraites ? Nous reproduirions ainsi ce lien intergénérationnel dont j'ai été témoin sur les ronds-points des Gilets jaunes.

Les lois de ces vingt dernières années ont accru l'importance de la médiation. Que ce soit par le Défendeur des droits (ex-Médiateur de la République) ou par d'autres types de médiation, institutionnalisées ou pas. C'est un magnifique outil de pacification sociale qui mériterait de se développer. Cette pratique fonctionne très bien là où elle est sollicitée. Ces médiateurs interviennent sur demande du préfet, d'un maire ou tout autre élu soucieux de régler des conflits. À l'origine souvent anodins, ceux-ci deviennent rapidement ingérables. Ils impactent toutes les strates de la société : différends entre propriétaires agricoles, employeurs et employés, citoyens face à une administration locale ou nationale.

Ces médiateurs évitent bien souvent le sentiment d'injustice, d'où qu'il provienne. Ils peuvent être d'anciens juges, militaires, commandant de police ou gendarmes, des responsables syndicaux, des cadres… Tous souhaitent œuvrer au service de la France en permettant à la société de retrouver plus d'harmonie. Leur champ de compétence pourrait être élargi et leur nombre augmenté. Ils seraient les nouveaux juges de paix qui intervenaient au niveau du canton jusqu'au milieu du siècle. Dans notre France fracturée, leur travail sera immense à la campagne comme à la ville et surtout dans les quartiers difficiles.

Le médiateur doit obéir à des règles strictes d'impartialité tout en disposant d'une grande latitude dans sa manière d'agir. En multipliant leur nombre, on apporterait sur l'ensemble du territoire des solutions à de multiples problèmes, on soulagerait les prétoires, redonnerait un peu de temps aux préfets, magistrats, maires et fonctionnaires pour mieux se consacrer au cœur de leur mission. Le médiateur peut apporter une réponse non violente et non juridique à bien des conflits tout en restaurant le lien humain et en réparant le tissu social.

N'oublions pas non plus l'importance du lien intergénérationnel dans les années de fin de vie. Celles-ci peuvent être douloureuses et très solitaires lorsque l'homme ou la femme, redevenus sans défense, n'a personne avec qui communiquer et partager. En prenant en compte cette réalité, nous apporterions sérénité et réconfort à des fins de vie en grande souffrance.

L'exemple de l'EHPAD de la vallée d'Aspe, Automne en Aspe, est éclairant à ce titre. Entouré de ses petites maisons destinées aux retraités, qui peuvent bénéficier de ses services de restauration, il est un point de ralliement. Il possède une unité spécialisée pour la grande dépendance et les enfants des écoles s'y rendent régulièrement pour y partager des activités.

Je sais que de nombreuses initiatives de ce type existent en France. Il est fondamental de les aider et de les coordonner avec les autres organisations existantes, telles l'ADMR (aide à domicile en milieu rural ou associations...).

Acceptons d'aborder de manière déterminée ce nouvel âge. Nous découvrirons que s'il a un coût, il peut être une source de richesse, de lien et de transmission.

Cher compatriote, les vingt premières années de la vie et les vingt dernières me semblent ainsi appeler un effort prioritaire.

Les choses évoluent et doivent pouvoir continuer d'évoluer positivement en mettant un terme à la défiance, à l'opposition parfois, entre nos anciens et les actifs. Je pense par exemple aux mesures telles que la proposition de loi pour les retraites, ou plus discrètes comme l'obligation de remboursement par les enfants des aides perçues par leurs parents. Avec la paupérisation des classes moyennes, ces oppositions touchent de plus en plus de familles.

Réanimer ces deux moments essentiels de notre vie et reconstituer cette richesse humaine contribuerait à une société plus inclusive et plus harmonieuse. Ces deux âges sont faits pour se compléter et redonner du sens à notre vie à tous.

Fraternelle amitié,

J. L.

LIENS EN ENTREPRISE

Paris

Cher compatriote,

J'ai beaucoup apprécié la tonalité de votre dernier courrier. Vous me faisiez remarquer que vous alliez devenir un « senior ». Pas dans le sens où nous le développions, mais au sens de l'entreprise, du droit du travail.

Je vous entends; l'entreprise est une mini-société en soi où l'humain a toute sa place.

Dans ce domaine également, nous sommes bien souvent confrontés au diktat de la finance spéculative et de ses sirènes court-termistes. Ne faudrait-il pas réfléchir à des instruments fiscaux pour favoriser les entreprises priorisant le long terme et la pérennisation ?

Privilégier l'humain, c'est aussi donner aux salariés leur place dans l'entreprise. Pourquoi ne pas imaginer le renforcement de l'actionnariat salarié dans celles qui offrent la garantie d'une représentation et d'une prise en compte des voix des salariés dans les prises de décisions ?

Garantir nos richesses humaines, c'est aussi protéger face à la souffrance au travail.

Quarante ans de chômage de masse, de délocalisations, de mondialisation, de numérisation, maintenant d'*ubérisation*, ont réduit la facilité pour beaucoup de Français de faire des choix et amplifié la menace de précarisation. En droit français, le contrat de travail est synallagmatique, c'est-à-dire engageant de part et d'autre. L'employeur doit se comporter de façon responsable envers ses salariés, comme ces derniers doivent se comporter de façon responsable envers l'entreprise. De multiples formes de travail existent. Pourquoi pas ? Elles doivent cependant toutes répondre à cette obligation, aujourd'hui détournée de maintes façons.

Les négociations dans l'entreprise devraient désormais traiter de l'équilibre entre vie personnelle et travail afin de prévenir *burn-out*, abus de pouvoir, harcèlement, discriminations, traitement inégal entre hommes et femmes.

Certes cela se fait déjà dans nombre de grandes entreprises, mais il me semblerait bon d'encourager la réalisation d'une enquête ouverte à tous les travailleurs de France sur la qualité de vie au travail, matière à débat et à plan d'action idoine dans chaque entreprise. Aux plus grandes, un suivi d'indicateurs pourrait être demandé en la matière. Des équipes du ministère du Travail ne pourraient-elles pas veiller à l'effectivité et l'efficacité des mesures envisagées ? La réalité ne prendrait-elle pas alors le pas sur l'affichage ?

Dans le même esprit, pourquoi ne pas demander à l'Institut national de la statistique et des études économiques (INSEE) et à l'Agence nationale pour l'amélioration des conditions de travail (ANACT) d'interroger anonymement les salariés des entreprises, notamment ceux des PME/PMI, sur leur vie au travail ? Les résultats seraient transmis à leurs dirigeants, et donneraient matière à des échanges. Un dialogue entre les travailleurs et les patrons, sur des éléments tangibles, dans l'esprit des « cercles de qualité », pourrait alors se nouer. Je ne doute pas qu'il déboucherait sur de nouvelles pistes d'innovation et des solutions concrètes qui préviendraient certains drames.

Que pensez-vous de cela, cher compatriote, vous que je sais si attaché à toute forme de partenariat, de responsabilité partagée et au bien-être des personnes ? C'est tout un univers de relations humaines qu'il nous faut à nouveau explorer pour retrouver la joie et l'enthousiasme au travail. Recréer un lien véritable. Le jeu n'en vaut-il pas la chandelle ?

Fraternelle amitié,
J. L.

HUMANISME ET MIGRANTS

Paris

Cher compatriote,

Je souhaite revenir sur un point de désaccord datant de notre dernière entrevue, car je ne désirerais pas perdre le lien régulier que nous entretenons.

Moi qui vous ai repu à longueur de lignes de l'importance des valeurs de la République, je tiens à aborder la crise des migrants ; sujet polémique, voire tabou.

Une discorde s'installe dans notre pays, avec des clivages exacerbés par les uns et les autres. Elle entraîne un niveau de tension et de violence et génère le retour de la peur de l'autre.

Sur ce sujet, il existe deux approches possibles. D'une part, la politique de l'autruche : un peu de bricolage et beaucoup de communication. D'autre part, un volontarisme politique à la hauteur des défis. C'est la seconde option qui est mienne.

Mon sentiment est que nous ne faisons rien qui soit à la hauteur du drame qui se joue. L'humanisme n'est pas, à mes yeux, un vain mot qu'il suffirait de brandir sans en mesurer les exigences et assumer les conséquences. Comment accepter que la Méditerranée soit aujourd'hui un cimetière ? En se renvoyant cyniquement la balle, les États européens sont complices de ce massacre. À réfléchir trop longtemps face à l'urgence humanitaire, nous sacrifions des êtres humains pour le profit de comptes d'apothicaire.

Faut-il accepter la différence parfois faite entre authentiques réfugiés et migrants économiques ? Non. Quand on prend un risque mortel pour se déraciner, on n'est pas simplement un « migrant économique ».

Si nous nous sentons collectivement incapables d'accueillir ces gens, n'est-ce pas d'abord parce que nous avons perdu foi en notre force collective et en notre capacité à intégrer les nouveaux venus ?

D'aucuns diront que la France a déjà trop d'immigrés. Bien sûr, certains de nos quartiers abritent nombre de nos compatriotes issus de l'immigration, au point d'utiliser le terme de ghettoïsation. À quoi est due cette réalité ? À l'acceptation par certains maires de payer les amendes au lieu de proposer des logements sociaux dans leurs communes ? Au souhait de personnes déracinées de se retrouver ensemble ? À la faute de cette panne d'« ascenseur social » ? À la gentrification de nos villes ? À la perte du tissu économique de nos campagnes ? Sans doute à tout cela à la fois, ce qui rend inopérants les mécanismes d'intégration, empêche la mixité et alimente des dérives communautaires.

Pour autant, si l'on regarde sereinement la situation, nous sommes bien loin de l'invasion migratoire soutenue par les théoriciens du « grand remplacement ». La France rendue à elle-même a la place et les moyens d'intégration. Elle en a en outre l'expérience. Dans cette optique, mettons tout en œuvre pour briser ces ghettos et retrouver des logiques collectives. Retrouvons-nous en tant que Nation et nous saurons accueillir et intégrer ces personnes.

Cela ne veut pas dire ouvrir nos frontières et établir une totale liberté de circulation ! Un jour lointain peut-être, ce beau projet internationaliste d'abolition des frontières deviendra une réalité. Cependant tant que les écarts de richesse Nord/Sud seront si importants, cette libre circulation paraît illusoire.

Lutter pour éviter les crises migratoires et le déracinement c'est travailler plus efficacement au règlement des conflits armés. C'est l'inverse de ce qu'ont fait les États-Unis et la France au XXIe siècle. Il est impérieux de s'attaquer à la racine de ces mouvements migratoires. Combattre les passeurs et leurs réseaux mafieux apparaît indispensable, mais anecdotique. Plus que le passeur, c'est la misère qui fait le migrant. Agir pour le développement de ces pays est une priorité. Un Malien n'a pas plus vocation à quitter la terre de ces ancêtres qu'un Français. Contribuons plutôt à ce que son émigration soit un choix.

Cela ne se fera pas en suivant les combines néocoloniales d'une Françafrique retrouvée. La France doit mieux assumer son passé colonial. Ne pas le reconnaître c'est maintenir ces populations dans un éternel état d'humiliation et nous, dans le déni.

Personne mieux que le grand poète martiniquais Aimé Césaire n'a dit de quoi la colonisation était le nom : « Entre colonisateur et colonisé, il n'y a de place que pour la corvée, l'intimidation, la pression, la police, le vol, le viol, les cultures obligatoires, le mépris, la méfiance, la morgue, la suffisance, la muflerie, des élites décérébrées, des masses avilies. [...] J'entends la tempête. On me parle de progrès, de "réalisations", de maladies guéries, de niveaux de vie élevés au-dessus d'eux-mêmes. Moi, je parle de sociétés vidées d'elles-mêmes, des cultures piétinées, d'institutions minées, de terres confisquées, de religions assassinées, de magnificences artistiques anéanties, d'extraordinaires possibilités supprimées. » (Aimé Césaire, *Discours sur le colonialisme*, 1950).

Sortir du néocolonialisme et éradiquer la Françafrique implique de regarder les réalités en face. Je sais tout du drame des pieds-noirs, du calvaire des harkis, de la torture et des exactions commises par l'État français. J'entends ces souffrances. Chacune d'elles participent de ce devoir de mémoire collective, avec cette aspiration à ne pas alimenter les divisions.

Ouvrons une nouvelle époque dans notre relation avec les pays d'Afrique, fondée sur un projet commun ; une collaboration où la richesse de ces hommes et ces femmes, de leurs idées, de leurs actions ne seront plus reconnues par quelques-uns, mais par le plus grand nombre.

Pour incarner cette volonté, j'approuve le pas fait pour mettre fin à la supervision du franc CFA par le Trésor français. Allons plus loin ! Renégocions nos traités bilatéraux pour qu'ils soient plus équilibrés et rompent avec toute logique de pillage et de détournement des ressources au profit des multinationales. Pourquoi ne pas développer les échanges scolaires, littéraires, culturels, un *Erasmus Mundus* y compris avec les plus petits villages ? Cela participerait à préserver, avec certains pays, notre trésor commun qu'est la francophonie.

Cher compatriote, l'Afrique est un continent jeune avec un bel avenir. Une relation d'égal à égal avec la France et l'Europe serait une chance pour nous tous. Je souhaite donc que la France soit le premier pays à s'engager durablement dans un partenariat sans précédent avec l'Afrique.

Pouvons-nous accepter de laisser piller ce continent qui devrait compter près de deux milliards et demi d'habitants dans trente ans, dont près d'un tiers de jeunes ? Ce grand continent doit retrouver son futur. Nous pouvons et devons devenir son partenaire et son allié dans un même dessein apaisé.

Cette relation devrait également être développée avec les pays du Proche et Moyen-Orient. C'est un impératif, tant les anciennes logiques portent en elles-mêmes un avenir mortifère.

Ma position qui n'a pas changé depuis trente ans : nous avons besoin de diplomates et non de forces d'intervention. Nos graves erreurs de jugement, ou celles dans lesquelles nous nous sommes laissés entraîner, nous coûtent très cher.

Cher compatriote avez-vous connu pareille situation qui ne soit pas bénéfique pour chacune des parties ? Vous souvenez-vous de ce que vous m'avez un jour dit à propos de l'Afrique : « Au-delà de nos différences culturelles, est-ce que nous nous ressemblons ? Nous sommes les mêmes, ils sont aussi attachés à leur terre féconde que nous le sommes à la nôtre ».

Voilà un projet à la mesure de la France.

Fraternelle amitié,
J. L.

RENOUER AVEC LE TERRITOIRE

Lourdios-Ichère

Cher compatriote,

Vous me dites que c'est bien beau de parler d'Afrique, mais qu'une fois de plus je suis un utopiste. Je n'ai pu m'empêcher de sourire, moi que l'on décrit souvent comme « proche du terrain », collé aux réalités du pays Basque et du Béarn.

Humour mis à part, j'entends et considère votre lourde inquiétude sur l'avenir de notre planète, le dérèglement climatique, les coups portés à la biodiversité qui pourraient bien entraîner la disparition de l'humanité.

Ce sujet est l'un de ceux qui m'ont le plus interpellé dans ma vie. Comme souvent la réalité n'est pas aussi tranchée que l'on veut bien nous le laisser à penser.

Je vois dans ce domaine, qui détermine l'avenir de l'homme sur la planète, la prégnance, pour ne pas dire le diktat de la ploutocratie.

Selon ses promoteurs, le capitalisme mondialisé et financiarisé est vert. Si les ressources naturelles deviennent rares, ne serait-il pas urgent de lui demander pourquoi ? Ne serait-ce donc pas précisément son type de croissance qui cause cette rareté ? L'extension infinie de la sphère marchande, la dépossession du pouvoir d'action des communautés locales, la délégation des pouvoirs que nous lui avons cédée n'ont-ils pas orienté l'action de nombre d'acteurs politiques, scientifiques, économiques ? Depuis si longtemps, ils étaient pourtant engagés sur la recherche de solutions. Un seul problème, elles ne convenaient pas au système.

Lequel a transformé cet enjeu majeur en arme de guerre. Il convenait pour lui d'asseoir son hégémonie et de détruire ceux qui voulaient apporter de vraies solutions aux véritables problèmes. Si elles avaient été effectivement mises en œuvre, elles auraient pu rendre inopérante sa dictature et sa capacité à poursuivre son activité destructrice. Mais la spéculation a besoin de travestir la réalité aux peuples qui la subissent. Ne pensez-vous pas, cher compatriote, qu'il pourrait s'agir d'une mise en scène programmée d'une mystification et d'une diversion à l'échelle planétaire ?

Et si nous allions un peu plus loin…

Les véritables militants de la protection de la nature sont compris et respectés de tous. Mais voilà plus d'un demi-siècle qu'un certain nombre de groupes ont commencé à s'organiser à travers le monde. En quelques années seulement, ils se sont autoproclamés garants d'une écologie pure et dure qu'ils ont élevée au rang d'idéologie. Au lieu d'accompagner avec bienveillance l'avènement du village mondial, ils ont fini par exiger une valeur marchande à toute chose, y compris notre Terre mère.

Le capitalisme, industriel puis financier, n'a-t-il pas suscité l'illusion d'une défense de la nature qui sert, en réalité, ses intérêts ? Elle lui laisse le champ libre. Que penser de l'attribution de la prochaine Coupe du monde au Qatar, avec ses stades démontables certes, climatisés bien entendu. Je ne me souviens pas d'avoir entendu de protestations majeures. Qui peut croire, dans ces conditions, sauf changement d'attitude humaine et morale majeur, un seul mot de ce qui nous est raconté ?

Des voix autorisées n'ont-elles pas accrédité l'idée que l'humanité entière devrait faire cause commune sur ces sujets ? Cette écologie, que je qualifierais de mercantile et mystifiée, est érigée en dogme, avec son culte dont le World Wildlife Fund (WWF) serait l'instigateur. Il a, de mon point de vue, progressivement déployé ses tentacules d'abord sur l'Union européenne et l'ONU, puis progressivement sur tous les pays de la planète.

Preuve en est, Sa Majesté la reine d'Angleterre et le prince consort ainsi que quelques autres têtes couronnées, par ailleurs à la tête de paradis fiscaux, sont devenus les premiers soutiens du WWF.

En France pour ne citer qu'elle, la Fondation Brigitte Bardot, que j'admire tant en sa qualité d'inoubliable artiste qu'égérie de notre pays, s'engagea aussi très rapidement.

À qui devons-nous cette si bienveillante organisation planétaire ? WWF est l'œuvre de quelques notables, dont Anton Rupert qui en a pensé le concept et le financement. Ce promoteur de l'apartheid en Afrique du Sud, également engagé dans le marché fructueux de la cigarette dont il est devenu un magnat grâce à la marque Dunhill... Cette cigarette à laquelle il ajoutait au tabac et au goudron des adjuvants qui rendent quasiment impossible tout sevrage. Ce visionnaire a été l'un des premiers à comprendre que l'un des grands négoces à venir résidait dans le marché de l'écologie. Au fil du temps, il a su détecter et promouvoir de nouveaux talents, tels Nicolas Hulot ou Yann Arthus-Bertrand. Il a doté leurs fondations de moyens, de sorte qu'elles ont à leur tour abondé de sources de financement, tout en donnant un caractère aventurier à leur entreprise. Avec un immense courage, Nicolas Hulot a su cependant s'affranchir de la pieuvre.

Lequel de ces promoteurs a fait reculer la pollution là où elle s'exerce réellement ? À l'évidence aucun. Je pense à ces ouvertures de mines de nickel, de cobalt, d'uranium et autres, exploitées sans précaution aucune, à ciel ouvert et avec la participation massive d'enfants esclavagisés. Je pense à ces immenses retenues d'eau construites sur des territoires dont les populations n'ont toujours pas l'eau potable. Aux puits de pétrole, aux industries chimiques, aux concentrations urbaines délibérément encouragées.

Même le bétail a quitté sa ferme familiale pour d'immenses étables, abattoirs, entrepôts, pour le profit d'une poignée d'investisseurs.

Ces organisations ont-elles changé quoi que ce soit aux causes racines du dérèglement climatique ? Même si, il faut le reconnaître, grâce à leurs petites mains vertes et vaillantes, elles purent miraculeusement et provisoirement réparer le trou de la couche d'ozone en quelques mois. Souvenons-nous de la part déterminante de la France dans ce succès grâce à son si glorieux Grenelle de l'environnement. Souvenez-vous le matraquage brutal et quotidien de nos consciences sur ce terrible problème, avant sa résolution.

Cette écologie mercantile et mystifiée a suscité une véritable catastrophe en matière de relation de l'homme à son territoire. Certaines ONG du système déploient d'immenses moyens de communication pour exacerber la sensiblerie de millions d'hommes et de femmes déracinés des terres sur lesquelles ils virent le jour avant d'y fermer leurs paupières. Tandis que le modèle devenait système, la sensibilité de la vraie vie cédait sa place à la sensiblerie pour cette grande cause pour laquelle ils ne pouvaient plus rien. Sinon pleurer sur leur triste sort.

Il convenait d'éloigner les regards, la conscience, la sensibilité de l'homme encore humain, de la noirceur des projets des grands affairistes. En France, on porta le fer sur de vastes territoires qui n'y étaient pour rien. Ils constituaient encore la plus grande réserve de liberté, de chlorophylle, de paysages naturels et étaient le symbole d'une harmonie entre l'homme et son milieu célébrée par Jean Ferrat : « Pourtant que la montagne est belle… ». Mais en planifiant le déplacement massif, voire la disparition de populations autochtones, a-t-on jamais préservé la biodiversité ?

La reine des batailles devint la protection des loups et des ours, au détriment de ceux qui veillent jalousement à l'entretien et à la gestion en bien commun des montagnes et des vallées. De subtils équilibres s'étaient installés durant des siècles entre tous ces usagers. Des siècles durant, des hommes et des ours cohabitèrent tant bien que mal sur ces territoires. Certes, la révolution industrielle, les terribles saignées humaines, l'exode rural qui n'en finissait pas et la marchandisation de toute chose avait déséquilibré cet univers sensible. Mais la détermination des survivants et de ceux qui les avaient rejoints, avait favorisé le maintien du pastoralisme. Trop souvent ailleurs, il a été décimé et travesti. Chez nous, il est resté, grâce à l'amour et à l'esprit de résistance de ses acteurs, une authentique originalité française.

Le si beau et difficile métier de berger est ainsi devenu un calvaire. Sans une prise de conscience rapide, notre pays perdra aussi cette si noble activité qui lie entretien de l'espace, production d'agneaux, de savoureux fromages et d'autres produits de nos terroirs. Il perdra aussi ces terres de convivialité, d'hospitalité et de partage.

Pour y remédier, la sortie de la France de la convention de Berne et de la directive habitats constituent une condition sine qua non. Les revendications des communautés locales sont devenues illégitimes si elles ne peuvent démontrer leur retour sur investissement. Mais comment mesurer la joie d'habiter dans un village de vallée aux flancs de collines verts et entretenus ? Comment mesurer le bien-être apporté par une eau pure au robinet ? Notre système ne nous conduit pas, à l'inverse du Bhoutan, à mesurer notre « bonheur intérieur brut ».

Ni le marché, ni l'État ne savent et ne peuvent veiller seuls sur les biens communs. Hélas, l'homme n'en prend conscience que lorsque ces derniers sont sur le point de disparaître. « La tragédie des communs », disait l'Américain Garett James Hardin dès 1968… En attendant, continuons à utiliser les hélicoptères de la gendarmerie et de l'armée pour imposer de pauvres ourses slovènes.

Agir pour cet enjeu majeur de l'humanité relève une fois encore à mes yeux de notre capacité à « rebattre les cartes ». Par l'action volontariste et disruptive de son exécutif, notre État doit oser exiger des principaux pollueurs qu'ils prennent en compte le bien commun. Sans cela, je crains que les portes grandes ouvertes par la prise de conscience sur l'utilisation et la préservation des ressources de notre Terre, ne se referment.

Je compte parmi mes amis fidèles d'authentiques protecteurs de la nature. Je respecte aussi l'action militante d'une grande partie des responsables et militants d'Europe Écologie Les Verts (EELV) et de nombre d'associations nationales ou locales. Leur engagement, bien que d'approche différente, est aussi profond et sincère que le mien.

Cher compatriote, vous ne me laissez même plus le temps de répondre à vos si brûlantes interrogations. Vous ne voyez pas comment on pourrait apaiser nos inquiétudes sur le sujet. Il est vrai que tout a été mis en œuvre au cours de ces dernières décennies pour accréditer l'idée que toute initiative nouvelle aggraverait la situation écologique. Je suis conscient de la difficulté de faire valoir, à contre-courant de la pensée dominante, que notre salut passe par une approche radicalement différente de cette équation.

L'immense partie de nos territoires ne portent pas préjudice à notre planète. Leur impact n'est rien, comparé à celui des centaines de milliers de pots d'échappement qui déversent tous les jours leurs gaz toxiques dans des métropoles toujours plus grandes.

Laissez-moi l'occasion de poursuivre mes explications et de vous présenter quelques-unes des réponses susceptibles de rétablir cet équilibre qui nous fait tant défaut.

Fraternelle amitié,
J. L.

RELANCER L'ÉCONOMIE RÉELLE

RELANCER LA RECHERCHE

Paris

Cher compatriote,

Le contenu de votre dernière lettre m'a littéralement abasourdi et, après quarante-huit heures de recul, a ouvert dans mon esprit un champ de réflexion revigorant.

Vous me faisiez observer que je ne cesse de répéter que la France a besoin d'un espace politique et financier sans lequel elle n'est plus rien.

Vous ajoutiez que, même si cela était possible, il serait incompatible avec l'Union Européenne dans laquelle nous sommes tellement engagés.

Vous pensez que même avec des dirigeants susceptibles de porter et de faire aboutir cette grande idée, elle ne servirait pas à grand-chose. Sans industrie, sans agriculture, sans artisanat, sans énergies nouvelles, vous vous demandiez donc sur quel levier s'appuyer pour apporter à nos services publics, nos hôpitaux, nos écoles, ce dont ils ont besoin.

J'ai perçu le petit zeste de provocation de votre dernière phrase, fariboles, fariboles… Les mêmes mots que je reçois à intervalle régulier depuis vingt ans.

Eh bien oui, cher compatriote, il conviendrait de relancer la recherche, fondamentale et appliquée dans sa dimension humaine, sociale, philosophique... Sa capacité à être source de progrès civilisationnel et social n'est plus à démontrer dès lors qu'on discerne celles qui seraient réellement utiles pour l'homme de celles qui pourraient lui être nuisibles.

Depuis des décennies, le budget de la recherche est accolé à celui de l'enseignement supérieur. Ce premier, déjà réduit à la portion congrue, se voit contraint de vampiriser le deuxième tout au long du second semestre.

Comment a-t-on pu consacrer un budget aussi modique à ce qui constitue l'un des prolongements fondamentaux de l'intelligence ? C'est le signe d'un pays qui ne croit plus en lui-même et de pseudo-dirigeants qui ont sacrifié leur pays.

Et pourtant il reste des chercheurs qui trouvent. Mais la plupart sont las de voir découvertes et brevets vampirisés par des puissances étrangères.

Les amphithéâtres archi-combles des plus grandes écoles de France ont bien voulu m'accueillir. Oui, notre jeunesse bouillonne d'impatience pour mettre le savoir-faire acquis à la disposition du pays. Et il est dommageable que tant de nos jeunes esprits les plus brillants n'aient souvent d'autre alternative que de s'expatrier pour faire enfin usage de leur intelligence et de leur capacité d'entreprendre.

Cher compatriote, j'ai évoqué lors de ma première lettre le jour où la lumière ne reviendra plus. Sommes-nous certains d'être à l'abri d'une pandémie anéantissant plusieurs dizaines de millions d'hommes et de femmes à travers le monde ? Sommes-nous assurés d'être à l'abri d'une très violente période de famines ? Bien avant l'homme n'est-ce pas toujours la nature qui a si souvent décidé ? Compte tenu de l'état d'impréparation humain et technologique du monde d'aujourd'hui face à de tels périls. Le temps n'est-il pas venu de nous transcender à nouveau sur des enjeux de cet ordre ?

Par ailleurs, durant ma campagne de 2017, j'ai rencontré bon nombre de directeurs de la recherche scientifique, spatiale, solaire et maritime. J'ai été surpris par l'empressement qu'ils ont mis à me rencontrer, le temps qu'ils m'ont consacré, les explications données. Ils m'ont confirmé que notre pays disposait d'un potentiel d'action impressionnant. Tous ont insisté sur la priorité : la recherche sur le fonctionnement du cerveau et les ressorts de l'intelligence humaine, la science du comportement. Rien n'est possible sans convaincre notre pays de la nécessaire adaptation de nos cerveaux à l'immense effort à entreprendre et aux bienfaits de changements favorables à notre bien-être. Si nous parvenions à intégrer cette donnée, il faudrait orienter nos travaux sur le domaine des énergies nouvelles et renouvelables.

Le projet solaire constitue une réponse rapide et désormais réalisable. À court terme, le solaire constitue l'énergie la plus accessible parce qu'elle est naturelle et infinie.

Notre industrie devrait pouvoir nous proposer mieux que des plaques à poser sur les toits et fabriquées en Chine. Il suffit de visiter le déjà sexagénaire laboratoire de Font-Romeu, dans les Pyrénées-Orientales. On peut y découvrir les miroirs convexes qui réfléchissent l'énergie de la lumière et du soleil, et dont l'arc électrique, au point de convergence, développe une incroyable puissance.

L'évolution et la découverte de nouveaux matériaux faciliteront la construction de ces nouvelles centrales dans les parties les plus ensoleillées de notre pays.

C'est dans nos territoires d'outre-mer que se situe le plus formidable potentiel solaire. Ce serait un fantastique outil de développement pour ces territoires défavorisés.

Grâce à notre façade maritime, la deuxième au monde, nous pourrions bénéficier de l'énergie la plus prometteuse : la puissance des marées d'une part, la différence de température entre surface et profondeur d'autre part, qui demeurent des sources d'énergie méconnues du grand public et inexploitées par les décideurs.

Un autre axe concerne le gaz par méthanisation. En plus d'être local, son avantage est d'être une source de revenu potentielle pour nos agriculteurs. Ne manque là aussi que la volonté et les moyens.

À mon sens, il serait bienvenu de les conjuguer. N'a-t-on pas trop vu ce à quoi nous mènent les solutions exclusives ? Le principe de subsidiarité pourrait prendre tout son sens avec une véritable coordination dénuée de préjugés.

Voilà ce que nous pourrions faire au lieu de pleurnicher. Comme l'écrivait Camus : « La première chose est de ne pas désespérer. N'écoutons pas trop ceux qui crient à la fin du monde. » Encourageons ceux qui agissent et agissons nous-mêmes.

Les pires pollueurs abîment, empêchent toute initiative. C'est ce dont nous devons nous convaincre face à leurs puissants lobbies. Le pétrole et le gaz ne sont plus que sources de tensions et de guerres entre les nations et d'avilissement des peuples.

Nous-mêmes, qui vendons des armes à des États qui les retournent contre nous et nos amis, pourrions sortir de cet univers mortifère. Nous sommes bien placés pour prendre cette initiative salutaire puisque nous avons su mettre sur pied, en une vingtaine d'années, l'un des plus grands projets d'énergie nucléaire au monde. J'ai toujours exprimé la même réserve à son égard : à ce jour, le problème des déchets reste insoluble et vient s'ajouter à la menace permanente de la catastrophe.

L'urgence autant que la nécessité imposent de prendre le virage des énergies nouvelles en l'inscrivant dans une politique qui ne se contente pas de 1 % de dépenses du PIB. C'est aussi à cela que peut et doit servir l'État, outil piloté, coordonné, évalué.

Notre ADN créatif n'a pas disparu. En le mettant en œuvre, il me paraît évident que nous pourrions générer une nouvelle source d'économie comparable à la mise en place de l'électricité ou au développement ferroviaire et aérien.

J'ai eu l'occasion de le dire, la vision du Président Kennedy m'avait marqué. Mes entretiens avec certains responsables du Centre national d'études spatiales m'ont conforté dans ma compréhension de notre retard dans le domaine spatial. Nous ne partons pourtant pas de rien, nos installations à Kourou et le fameux observatoire du pic du Midi sont de nature à constituer de formidables bases de départ. L'urgence est d'autant plus capitale que des multinationales et des milliardaires s'emparent déjà des prémices de ce développement.

Je considère que l'homme, capable de tant d'avancées géniales dans de si nombreux domaines, devrait explorer si la Terre est la seule planète habitée. Relançons l'esprit pionnier et explorateur de l'homme dans l'univers.

La seule mise au point de la stratégie et du matériel rejaillira et galvanisera d'autres champs de recherche. Qui dit que généticiens, zootechniciens et chimistes n'y trouveraient pas matière à des avancées pour trouver par exemple herbicides et insecticides qui ne portent pas atteinte à la terre et à la mer.

La recherche informatique, notamment pour ce qui concerne la cybersécurité, m'apparaît cruciale. Or, un contrat a été signé il y a quelques années entre l'armée et Microsoft pour l'utilisation des logiciels, ce qui pose tout de même de sérieux problèmes.

En matière de recherche, il conviendrait aussi de travailler concomitamment sur l'homme. Que faire pour que ce dernier chasse son côté prédateur, se débarrasse de ses vieux démons, comme il l'a fait dans d'autres domaines. Ne plus tout dominer, tout prendre, tout détruire. La brillante psychanalyste Sylvie Portnoy Lanzenberg prolonge très heureusement cette réflexion salutaire pour l'avenir de l'homme.

Cher compatriote, je n'ai certainement pas trouvé les réponses apaisantes aux brûlantes questions que vous me soumettez. Je n'ai pas répondu à toutes, je me suis borné à choisir celles qui m'ont paru être à la source de toutes les autres.

Souffrez que je vous titille à mon tour. Est-ce le fait d'engager cette nouvelle politique de recherche et ses objets d'étude qui constituent le problème ? Celui-ci ne se situerait-il pas plutôt au niveau de l'insigne lâcheté qui s'est emparée de nous ? Quand cesserons-nous de lâcher aux Américains la carte à puces de Marc Lassus et de Gemplus, dont ils retirent les bénéfices en notre lieu et place ? Comment avons-nous pu accepter la vente d'Alstom à General Electric ? Quels sont les dirigeants qui se sont souciés qu'Alstom produisait une partie de notre technologie d'équipements nucléaires ? Ainsi une entreprise passée sous la coupe américaine peut se saisir impunément de notre savoir-faire stratégique.

Cher compatriote, c'est de nous-mêmes qu'il convient de s'occuper en premier. C'est à la conscience, à l'intelligence, à l'âme de nos élites, que nous devons nous adresser afin de réveiller leur sens du bien commun, si cher à mon ami Henry Ollagnon, le professeur émérite en gestion du vivant et stratégies patrimoniales (GVSP). C'est une de nos premières batailles à gagner contre la soumission à la ploutocratie.

Fraternelle amitié,
J. L.

RELANCER NOTRE AGRICULTURE

Lourdios-Ichère

Cher compatriote,

Vous avez évoqué en des termes bouleversants le souvenir de votre belle-sœur que vous avez tenté durant des semaines de réconforter après le suicide de son époux. Elle l'avait découvert, dans un petit matin blême, pendu à l'entrée de la grange.

Avec votre famille, vous avez passé des jours et des jours à la dissuader d'en faire de même.

Elle redoutait cette issue fatale et ne dormait plus depuis longtemps déjà. Il était absent. Les repas avec les enfants étaient devenus un calvaire pour elle.

Aucun de ces derniers n'avait choisi de reprendre la ferme.

Leur cher Sylvain, pourtant ingénieur agricole attaché à son activité, leur avait annoncé qu'il allait leur présenter sa compagne qu'il avait connue à l'école d'ingénieurs.

La jeune femme vous avait rejoints à ses côtés autour de la table familiale dressée avec une nappe blanche et les couverts de mariage. En vous disant bonjour, son malaise s'était fait perceptible malgré ses efforts. Leur fils avait expliqué qu'elle était encore sous le choc de la traversée de leur village. Il n'y avait personne dans l'unique rue. À mesure qu'elle approchait de votre hameau elle s'était recroquevillée sur elle-même. La vue du tracteur l'avait tétanisée. Elle n'avait rompu le silence qu'à mi-repas pour « lâcher » qu'elle n'était pas faite pour cette vie.

Elle adorait votre fils mais ne voulait pas l'accompagner dans une telle vie, en un lieu si loin de tout qui ne serait jamais le sien ni celui de leurs enfants.

Le désespoir s'était emparé de lui ce jour-là. Sa femme lui avait pourtant répété qu'il ne fallait pas s'abandonner à une première impression. Leur fils leur avait écrit dix jours plus tard. Il annonçait que son amie avait décroché un contrat à durée déterminée à l'hôpital et que lui-même en avait obtenu un à la maison de retraite.

Depuis, c'était le déclin. Il avait entrepris de chercher quelqu'un qui accepterait de le rejoindre sur l'exploitation. En vain. Il était en outre taraudé par les emprunts dont il n'arrivait plus à rembourser les annuités, accumulait les impayés auprès de la Mutualité sociale agricole, de ses fournisseurs d'engrais et d'insecticides avec qui il avait toujours travaillé avec la certitude que rien ne pouvait lui arriver.

Après avoir vécu ce moment-là, vous ne croyez plus du tout en l'avenir de l'agriculture, un métier qui n'a plus de place dans le monde d'aujourd'hui.

J'ai pris du temps à vous répondre. À vrai dire j'ai, avec mes collaboratrices, vu défiler tant de cas similaires à mon bureau...

Les fermes aujourd'hui abandonnées ont pourtant résisté si longtemps. Le fils prenait naturellement la suite de son père. De façon plus exceptionnelle, c'était la fille. Combien d'agriculteurs le sont devenus, bon gré mal gré, ne se donnant pas le droit d'abandonner la ferme familiale, quitte à y rester célibataire ?

Au lendemain des catastrophes qu'a eues à surmonter notre pays, et au cours desquelles deux ou trois frères avaient versé leur sang loin de chez eux, il s'était toujours trouvé un neveu, un cousin, un voisin pour prendre la suite. Mais depuis trente ans j'ai vu tant d'hommes ou de femmes au soir de leur vie pleurer seuls, assis sur le pas de leur porte.

Ils pleuraient à chaudes larmes ce qu'ils estimaient être « la pire des trahisons ». Ils n'avaient pas été capables de trouver leur successeur. Ils se considéraient comme les fossoyeurs d'une longue lignée, de cette race qui avait tout surmonté sans jamais prononcer le mot de trop. Appuyés sur leur bâton, l'échine courbée, ils constataient impuissants les arbres et les ronces, bientôt les serpents, sur le point de rentrer dans leur maison qui ne tenait déjà plus debout. J'en ai vu par la suite tant d'autres pleurer les mains jointes de rage en découvrant au petit matin leur troupeau décimé par un ours ou un loup. Ce dernier avait été qualifié de chien errant et par conséquent absous.

Sachez, cher ami, combien j'ai ressenti votre désarroi et celui de votre belle-sœur. Près de 150 000 exploitants sont sur le point de partir à la retraite, moins de 5 % d'entre eux sont assurés d'une reprise. J'en ai parlé à mon frère Julien qui, avec quelques amis, réfléchit à la transmission des exploitations agricoles.

Il a produit un film très apprécié, *Ta qué canté éra mantanha* (« Pour que chante la montagne »). L'institution patrimoniale du Haut-Béarn lui a apporté son concours. Des jeunes, bien décidés à devenir des paysans à leur tour, s'expriment dans l'association des Éleveurs transhumants des trois vallées béarnaises. Parmi eux, autant de jeunes femmes que de jeunes gens. Cent cinquante nouveaux bergers se sont installés au cours de ces dernières années dans nos vallées qui n'en comptaient plus que quelques-uns. La moitié sont des bergères. Grâce à un dispositif de facilitation, un grand nombre d'entre eux sont venus de l'extérieur, et même de Paris. Une hirondelle ne fait pas le printemps. Ils sont appelés à partager cette expérience dans toutes les montagnes de France, encore il y a peu à Chambéry, dans les Alpes, à huit cents kilomètres de chez eux.

Le renouveau de l'agriculture devrait passer par un authentique projet de société, celui que j'ai appelé « campagnes de france, grande cause nationale ». Ce n'est pas seulement l'agriculteur qui est concerné. Il n'a aucune chance d'y arriver seul aujourd'hui. L'ensemble des acteurs du territoire doit être pris en compte et associé.

Cher compatriote, pourquoi ne suggéreriez-vous pas à tous ceux qui vous disent que tout cela est fini – « Trop cher ! Ils ne rapportent rien mais ils engloutissent *un pognon de dingue* », qu'ils ont peut-être un jugement hâtif ? Vu d'avion, notre merveilleux pays est encore un jardin « à la Le Nôtre ». C'est le fruit d'un travail sans relâche, des siècles durant, de tous ceux qui ont considéré qu'ils ne seraient jamais plus utiles ailleurs que chez eux.

Chacun à sa manière a apporté sa contribution. Le maire, l'instituteur, le curé du temps où ils étaient encore là. Chez nous par bonheur il en reste encore deux de chaque et même un sacristain. Les fonctionnaires notamment ceux de l'ancienne direction départementale de l'Agriculture et de la Forêt (DDA), de la Poste, de l'hôpital et de sa maternité, de la gendarmerie, tous ceux qui n'étaient pas là uniquement dans l'attente « que l'heure de la retraite sonne… ».

Cher ami, c'est en s'inspirant de notre longue histoire qu'il faut reconstruire l'agriculture de notre temps et redonner du sens à nos campagnes. Elles ne sont pas un poids mort pour l'économie de notre pays, mais une formidable richesse, une réserve de chlorophylle, de liberté, de production de grande qualité dans tous les domaines.

Oui, vous avez raison, ce monde est moribond. Mais l'initiative de mon frère et de ses amis n'est pas unique en France. Le retour des campagnes de France avec leur savoir-faire, leur savoir-être et leur savoir-vivre, doivent redevenir cette grande cause nationale.

Présentée, expliquée dans la France tout entière elle doit être partagée jusque dans le XVIe arrondissement de Paris. Ne pourrions-nous pas retrouver des productions locales et toutes celles dont la singularité réapparaît tellement indispensable ? Là aussi la réhabilitation par l'État symbole de l'outil CESE et son maillage me semble avoir tout son sens pour coordonner, fluidifier et favoriser des échanges équilibrés. Ne faudrait-il pas institutionnaliser une discussion régulière entre les producteurs, les consommateurs et l'ensemble des intermédiaires de la filière ? Ne découvrirons-nous pas alors que la France avait su conserver une agriculture, mieux encore, des agricultures ? Grandes et céréalières, plus petites et variées, et les nouvelles tournées vers le tourisme, l'agrément et le loisir sont toutes frappées du même mal. Le matérialisme qui a pris la place du bon sens dans le cœur de ceux qui étaient chargés de penser la France dans un contexte de démission collective.

Par leur originalité et la variété de leur production, elles contribuent pourtant à l'identité de nos provinces. Elles permettront ou pas le réveil de la « France éternelle ».

La politique agricole commune (PAC) européenne et le ministère de l'Agriculture ont poussé à un productivisme à tous crins. De villageoise, l'agriculture est passée européenne et a été plongée dans la mondialisation. On a fait croire qu'une exploitation devrait tourner comme une usine, en robotisant et en réduisant sa main-d'œuvre au minimum. Nos agriculteurs ont été réduits à l'état de sous-traitants de grandes entreprises qui leur fournissent les semences, les intrants, et leur achètent leur production à des prix de plus en plus dérisoires. Combien de temps mettrons-nous à redécouvrir que l'exploitation la mieux adaptée est celle à taille humaine ? L'agriculture comme la pêche se conçoivent à mon sens plus facilement à petite échelle, en famille.

Que coopératives et associations de producteurs et de petits commerçants, reviennent à leur vocation initiale : faciliter l'organisation, assurer la promotion, organiser l'accueil de tous ceux qui aspirent à se nourrir de produits sains. La distribution en circuit court et l'agriculture saine parfois biologique commencent à produire des effets encourageants. Ils constituent autant de nouvelles illustrations « du mieux vivre ensemble ».

La vie à la campagne et l'éveil des enfants dans un cadre naturel et redevenu bienveillant, ne donneraient-ils pas une hauteur d'âme retrouvée s'imposant comme l'un des grands atouts de notre pays ?

La PAC et sa redoutable organisation administrative en prendront un coup. Qui les plaindra ? Est-on certain que ses trois milliards annuels continueront à s'imposer de cette façon ?

Cher compatriote, malgré votre abattement, acceptez de découvrir cette manière de concevoir notre avenir. Je connais votre dextérité à manier les chiffres et à simuler les effets qu'ils peuvent produire. Si nous retenions trois milliards d'euros sur les vingt et un que nous versons chaque année à l'UE, nous ferions coup double : freiner la prolifération technocratique et permettre à « campagnes de France » de prendre son envol. Car, vous en conviendrez, il y a une différence entre un accompagnement puissant, pertinent, coordonné, inspiré, voulu, et une distribution d'argent et un contrôle dans des guichets froids.

Fraternelle amitié,
J. L.

LA COMMUNE :
MAILLON FORT
DE NOTRE DÉMOCRATIE

NOS MAIRES ET NOS COMMUNES

Lourdios-Ichère

Cher compatriote,

Vous me dites avoir été souvent intrigué par le combat que j'ai toujours mené en faveur du maire et du maintien des communes en France. Après vous avoir lu ce matin, je suis très heureux que vous m'annonciez que vous avez décidé de prendre vous aussi fait et cause pour ce combat.

Le plus surprenant, c'est que vous utilisiez les mêmes termes que les miens des années durant : sans nos 35 357 communes, il n'y aura plus de France.

Plus de 35 000 communes ! Ce nombre impressionne toujours nos interlocuteurs étrangers.

Il est vrai que le cas français est unique au monde. Or, être singulier constitue un mal en soi à l'ère technocratique et mondialisée. À l'image des fruits et légumes bien calibrés que l'on trouve dans nos hypermarchés, il faut que rien ne dépasse et que tout soit uniformisé.

Sous l'impulsion des banquiers, de l'Europe et des technocrates, le nouvel impératif catégorique est devenu celui de la rationalisation. C'est-à-dire la découverte dans un bureau de ministère d'une nouvelle organisation supérieure, car plus claire sur un PowerPoint, à celle que les Français ont vécue sur deux millénaires.

Je ne suis pas là en train de dire que rien ne doit jamais être réformé ou repensé. Mais la rationalisation comme idéologie est absurde et pleine d'effets pervers. C'est un peu comme avec la biodiversité : quand une espèce animale ou végétale disparaît, on est incapable de prévoir les réactions en cascade sur l'écosystème. Quand, au nom de la rationalisation, on supprime tel ou tel service public local, on ne voit à Bercy qu'une dépense en moins. Or, dans les faits, telle suppression à la logique imparable crée des problèmes inattendus, qu'ils soient sanitaires, sociaux, sécuritaires ou autres, qui coûteront en définitive plus cher que l'économie initialement envisagée.

Ce que je qualifie d'aberrations ne peuvent découler, à mon sens, que d'une volonté d'écarter le plus possible les maires de la prise de décision et de les affaiblir structurellement, afin d'étendre l'emprise de l'État central et du marché sur tout le territoire. Il faut ainsi gommer autant que possible les aspérités locales et tout ce qui pourrait fonctionner en dehors du dogme technocratique. En un mot, détruire cette relation si particulière entre le maire, ses citoyens, leur territoire.

Je suis d'accord avec vous lorsque vous déclarez qu'il existe une sorte d'entêtement à vouloir retirer aux maires toute forme de pouvoir. L'amoindrir et rentabiliser les services publics : deux obsessions qui fabriquent des citoyens hors métropoles, de seconde zone, muets, isolés et bien mal lotis.

Le maire français, qui est devenu au fil de l'histoire l'un des pivots de notre démocratie, possède trois grands pouvoirs.

Le premier, qu'on ne retrouve pas partout : il est le premier représentant de l'État dans sa commune, et à ce titre officier d'état civil et officier de police judiciaire. Le maire fait le lien entre l'État et sa base.

Ensuite, il veille à ce que sa commune se développe dans un intérêt compris par tous, du point de vue économique et social autant que culturel.

Sa troisième fonction réside dans la gestion du bien commun. L'atome premier de l'État, ce sont donc ces plus de 35 000 sentinelles ! Celui-là et celles-là se renvoient mutuellement l'un à l'autre.

Le seul personnage qui résiste à la critique, alors même que les gouvernements successifs s'emploient à lui retirer ses pouvoirs, c'est le maire.

Cette reconnaissance est aujourd'hui menacée. Ce n'est pas un hasard si la moitié des maires en exercice entendaient ne pas se représenter aux dernières élections municipales. En cause : la raréfaction des recettes et la baisse de la dotation globale de fonctionnement, mais aussi le développement d'intercommunalités davantage subies que choisies.

Enfin, comment ignorer le mépris dont font l'objet les maires des petites communes ? En ce sens on notera le refus du président de la République de se rendre au congrès des maires de France qui se tenait à Paris du 20 au 22 novembre 2018. Comment interpréter ce signal sinon comme l'abandon des maires du quotidien, que d'aucuns qualifieront de « petits » maires ?

Leurs concitoyens, les sentant désavoués, ont un peu plus pris conscience qu'ils n'avaient pas d'interlocuteur et grossirent les rangs des Gilets jaunes. Emmanuel Macron s'est rendu compte qu'il allait payer très cher son attitude. Il a tenté de réparer cela lors de ses vœux aux maires pour l'année 2020. Son discours apparut presque mécanique et sans empathie, purement électoraliste. Il a endormi la moitié de la salle et fait sortir l'autre.

Et que dire de la tentative du ministre de l'Intérieur dont une première circulaire visait à supprimer l'identification des nuances politiques pour les communes de moins de 9000 habitants, lors des municipales ? 96 % des communes, représentant plus de 50 % du corps électoral, n'étaient pas prises en compte, biaisant de fait l'analyse des résultats électoraux.

Cette circulaire a été retoquée par le Conseil d'État. Nouvel essai de notre ministre fixant ce seuil à 3500 habitants. 91,2 % des communes resteront donc ignorées dans les informations sur la composition de notre paysage politique. 32251 communes dont le résultat électoral n'intéresse plus personne… Disparaîtront-elles physiquement après avoir disparu statistiquement et politiquement ? Cette disposition traduit-elle la volonté d'en finir avec la France des territoires, réduisant à 3106 communes celles qui ont le droit de survivre ? De plus, quel sens donner aux « nuances politiques » laissées à la discrétion du préfet ? Un certain nombre de candidats se réclament « sans étiquette ». L'influence des partis politiques est-elle si grande aujourd'hui pour qu'il faille tout lui sacrifier, y compris passer sous silence l'expression de cette immense majorité de communes ?

Le maire représente la dernière figure politique à pouvoir tenter d'influer sur le réel de nos concitoyens. Dans mon livre *Un berger à l'Élysée* j'évoquais « 36000 sentinelles encore debout, avec leurs centaines de milliers de conseillers municipaux bénévoles élus au suffrage universel, pour veiller sur la France tout entière ».

Désormais, sans moyen financier et avec un pouvoir écorné, il déploie quotidiennement des trésors de conciliation, de conseil, de bons offices auprès de ses administrés, assurant ce qui reste de relation sociale et humaine à l'échelle locale. Écouter tient de l'art. Pour paraphraser mon ami Hugues Aufray, je dirais que nous sommes en train d'écrire une bien triste chanson dont les paroles seraient : « Adieu, monsieur le Maire, on ne vous oubliera jamais ». Tandis que Pierre Bonte était si heureux de clamer, il y a trente ans, sur France Inter : « Bonjour monsieur le Maire ».

Nos concitoyens doivent réaliser que le quotidien d'un maire de petite commune s'apparente plus à un sacerdoce qu'à une succession de cocktails mondains. Il est marqué par des prises de décision difficiles, des arbitrages budgétaires aux conséquences immédiatement perceptibles et un contact direct avec les difficultés de ses administrés. L'enrichissement n'est même plus humain, et en aucun cas pécuniaire. Certains n'acceptent pas de s'octroyer la faible indemnité à laquelle ils ont droit quand d'autres n'en ont pas même les moyens.

Pour résister, le maire doit être ancré dans son territoire et solide comme un roc, à l'opposé d'une France hors-sol où la loi du marché régirait tous les rapports entre les humains.

Au travers de la question des maires se pose celle des fermetures des services publics dans cette « France périphérique » où domine un sentiment d'abandon, de perte de sens et de repères, que ce soit pour les élus ou les administrés.

Comment expliquer à une femme sur le point d'accoucher qu'il est normal qu'elle fasse deux heures et demie de route ? La rationalité budgétaire a des raisons que la raison ignore... Partout sur le territoire, le même scénario de fermetures des maternités et des hôpitaux de proximité : à Oloron-Sainte-Marie, Saint-Claude, Remiremont, Le Blanc, Ruffec... La liste ne cesse de s'allonger sans que les appels au secours des soignants et de la population soient entendus.

Comme l'affirmait François Mitterrand, « La France est un pays génial autant que singulier. Il a réussi à se faire gérer par 500000 élus au suffrage universel, dans leur immensité bénévoles. Ils se feraient couper la tête pour l'entretien d'un chemin de terre. 500000 autres sont prêts à prendre immédiatement la suite si les premiers s'avéraient défaillants. »

De mon point de vue, cette transformation est liée à la volonté de la nouvelle dictature qui s'est imposée à nous, car si l'État a entrepris ces évolutions, c'est aussi qu'il n'a plus de moyens ! Pendant longtemps, les représentants ont lutté pour conserver notre modèle.

Avec le recul, je me dis que la mort de la démocratie locale a finalement été méticuleusement programmée par Jacques Chirac, Nicolas Sarkozy, puis achevée par François Hollande et Manuel Valls, avec le triptyque des lois NOTRe, MAPTAM et des régions, derniers clous enfoncés dans le cercueil.

Passé les premiers jours de joie, les nouveaux maires comprendront la faiblesse de leur budget et découvriront que les intercommunalités XXL sont devenues de redoutables prédatrices. Ils mettront quelque temps à se rendre compte que c'est le personnel de catégorie C de ces intercommunalités qui décidera en lieu et place des conseillers municipaux, pourtant élus au suffrage universel.

Je considère que nous sommes à un tournant historique d'une certaine idée de la France, la France des communes et des territoires de la République. Si les maires ne réagissent pas durant ce mandat, ce sera la mort programmée de nos communes. La fin d'un modèle qui inspira le monde.

Je profite de ces pages pour rendre hommage à tous ceux qui, chaque jour, donnent ou ont donné un peu d'eux-mêmes pour que la France reste cette douce France. Celle des préaux d'écoles où résonnent les cris des enfants, des frontons des mairies arborant notre devise nationale, des bals du 14 juillet avec leurs guirlandes multicolores, des cafés où l'on refait le monde. Cette France qui a droit au réenchantement de son destin.

Cher compatriote, j'espère vous avoir convaincu du caractère insidieux de la démarche entreprise pour en finir avec ce que les pseudo-élites ont décrété comme une incongruité française dépassée.

Vous me dites avoir rencontré votre maire, vous l'aviez souvent croisé mais n'aviez jamais engagé une conversation sur le fond avec lui. Je comprends que vous ayez pu être bouleversé par cet échange. Tout est vrai dans ce qu'il vous a dit. Oui, les projets dans les cartons depuis trente ans sont en voie de mise en œuvre. Il ne restera plus que 3 106 communes en France… D'immenses intercommunalités les auront englouties à tout jamais avant de se faire du reste engloutir elles-mêmes.

Je comprends que votre maire ait retenu longtemps votre main dans la sienne en vous rappelant que ce qui l'avait le plus choqué, c'est que nos gouvernements aient définitivement choisi le critère du nombre d'habitants pour décider de maintenir ou pas telle commune et fixer les contours de la nouvelle intercommunalité. Il vous a glissé dans un souffle que pour la première fois dans notre longue histoire, on avait brisé le lien charnel entre l'homme et son territoire.

Fraternelle amitié,
J. L.

REDONNER VIE AUX COMMUNES

Paris

Cher compatriote,

Je m'empresse de reprendre la plume ne pouvant vous laisser plus longtemps sans vous dire que tout n'est pas perdu.

Concernant nos communes, je ne peux qu'abonder dans le sens de Tocqueville qui avait analysé dans *De la démocratie en Amérique* à quel point le « local self-government » constituait la cellule de base de la démocratie réelle et le meilleur garde-fou contre les abus du gouvernement central. Cela est vrai partout et en tout temps. Même en Russie, pays si éloigné de nos standards démocratiques et libéraux, la tradition d'auto-administration locale avait limité la férule de l'autocratie tsariste puis de la dictature du prolétariat. Dégrader les capacités d'action du maire, c'est s'attaquer à la démocratie et au pouvoir des citoyens. Car ces derniers souhaitent s'engager et participer pleinement à la gestion de leur lieu de vie.

Dans notre vallée d'Aspe, dès l'an 1000, on élisait les syndics parmi les laboureurs. Pour rendre visite au roi de Navarre et donc franchir la vallée, le roi d'Espagne lui-même devait passer accord avec ces syndics qui mettaient alors à sa disposition cinq guides pour la traverser. Voilà un bel exemple d'exercice démocratique dans le souci de tenir compte de l'homme comme du territoire. C'était la reconnaissance par tous du bien commun.

Ce maillage de solidarité représente un de nos trésors, une originalité qui constitue notre identité singulière. Il a toujours fait notre force et enrichi notre culture démocratique. Cette richesse ne doit pas être sacrifiée au nom d'un surcroît de rationalité technocratique et budgétaire.

Abolissons ces lois insensées, NOTRe, MAPTAM, Régions, et rendons leurs pouvoirs aux deux institutions où se jouent la démocratie et pour lesquelles le citoyen s'engage viscéralement : la République et la commune.

Le terme « commune » dit le souci d'agir à l'échelle que l'on voit et où l'on vit, où chacun se sent directement concerné par les détails de la vie quotidienne.

Elle doit donc retrouver sa liberté de décision sur les sujets d'intérêt local, ce qu'on appelle la clause de compétence générale, être libre de se rassembler si elle le souhaite avec d'autres pour organiser des communautés de communes à taille humaine dont le président serait élu par l'ensemble des maires les composant.

Je souhaiterais que les citoyens, dans ce cadre communal idoine, s'emparent des problématiques de leur quotidien. Que leur expertise, si juste et si utile, fasse de la commune le modèle de la démocratie réelle et de la codécision. La force de notre pays a toujours résidé dans l'autoadministration locale, pas dans la tutelle des préfets. Je distingue l'homme de la fonction. Les préfets sont au demeurant mobilisés jour et nuit pour faire face à n'importe quelle situation et assurer la continuité de l'État parfois dans des conditions délicates.

La France n'a jamais cessé d'évoquer le principe de subsidiarité. Malheureusement il n'a jamais été appliqué dans les faits. Il trouve ici tous son sens. Il ne peut pas y avoir de reconstruction politique, territoriale sans retrouver l'idée de subsidiarité.

La commune, ayant retrouvé la plénitude de sa compétence et les moyens financiers qui l'accompagnent, doit retrouver sa capacité de mener à bien tous les projets entrant dans son domaine d'action. Elle rendra à nouveau d'énormes services à notre pays si elle s'acquitte de cette mission.

Il arrive un moment où l'ampleur d'un projet dépasse ses moyens humains et économiques. François Mitterrand et Gaston Defferre, en leur temps, avaient anticipé le cas de figure en donnant aux communes la possibilité de s'organiser entre elles sur un bassin de vie à taille humaine. La première communauté de communes était un outil à leur service. Elle leur donnait les moyens humains et techniques d'élaborer et de rechercher le financement des projets nécessaires au bon développement de leur territoire. Elle assurait une coordination avec les services de l'État, le conseil général et le conseil régional. Les maires choisissaient le président parmi eux afin d'animer et coordonner l'action de ses collègues. Cette organisation, sans fiscalité propre, n'alourdissait pas le mille-feuille déjà tant décrié et renforçait même le pouvoir des communes.

Les départements et les régions prenaient ensuite le relais pour mener à bien des projets de plus grande envergure.

Le département, devenu conseil départemental, a lui, depuis plus de deux siècles, fait ses preuves. C'est le bon niveau de relations entre des communes et l'État.

En revanche, le découpage des régions actuelles ne présente aucun intérêt. Elles sont immenses, sans histoire commune, sans présent, sans futur, et sans véritables moyens financiers. On a voulu s'inspirer des grandes régions espagnoles ou italiennes, mais dans ces deux pays la réalité historique des territoires a été respectée. Elles disposent de moyens financiers incomparables aux nôtres.

Ainsi, ne faudrait-il pas substituer à ces organisations inefficientes, inhumaines, une approche constitutive de notre histoire. Il s'agit des provinces. Elles doivent être des entités qui redonnent leur singularité, leur « couleur », leur langue vernaculaire à leurs habitants et à la France. J'imagine la province, à un niveau de l'attachement, du cœur, de la culture, tout en soulageant le mille-feuille administratif.

Bien entendu, il convient de faire appel à l'intelligence de tous afin d'ajuster au mieux cette organisation. Corroborée aux structures comme le CESE et ses filiales territoriales comme à l'État, cela permettrait de créer un niveau de subsidiarité et de tempérer la tendance nationaliste. C'était déjà l'idée du général de Gaulle en 1969.

Emmanuel Levinas affirmait que « l'homme moderne est né de père inconnu. » Combattons cette ignorance, revenons à la connaissance de notre propre histoire. Je connais mes ancêtres. Ils me donnent le courage de lutter aujourd'hui. À quoi bon mon existence, si je ne transmets à mes fils que des biens matériels ? Ils ont ma gueule, ma trogne. Mais si je veux leur transmettre mes valeurs, mon histoire, notre histoire, nous devons sauvegarder notre modèle démocratique communal. Difficile de tricher quand vous agissez quotidiennement sous le regard et le jugement de vos semblables. La démocratie ne supporte pas plus les compromissions qu'elle n'a besoin d'expert. Mais elle exige pour fonctionner des hommes et femmes expérimentés. Elle est plus proche de l'artisanat que de la production en chaîne.

Là comme ailleurs, il nous faut reconstruire une Nation en partant de sa base.

Cher compatriote, vous voyez, tout peut être encore possible. La commune peut redevenir la cellule de base politique de notre société. L'élection de maires est au moins aussi légitime que celle de l'individu espéré en vain comme providentiel tous les cinq ans. C'est une ambition démocratique et sociale, mais également civilisationnelle, car cette commune est la forge républicaine où se façonne la démocratie.

La France retrouvera sa grandeur en prenant le temps de construire une voie originale, dans le respect de son histoire et la promesse d'un avenir à portée de main. Celle-ci part de la commune pour aller jusqu'à l'infini.

Fraternelle amitié,
J. L.

LA FRANCE DANS LE MONDE

LA FRANCE ET LA CONSTRUCTION EUROPÉENNE

Paris

Cher compatriote,

Je sens chez vous beaucoup d'interrogations au sujet de l'Union européenne et de la place de la France en Europe. Quel est le devenir de notre puissance diplomatique ? Qu'en est-il de notre souveraineté nationale ? Que dire de l'impuissance des gouvernements successifs face aux technocrates bruxellois ? Ils ne nous dirigent pas, disiez-vous, ils nous gèrent et nous contraignent.

Lorsque j'ai effectué mon tour d'Europe, en 2014, j'ai pu mesurer l'ampleur qu'avait pris l'euroscepticisme. Le dernier scrutin européen l'a confirmé, me disiez-vous.

Permettez-moi de vous livrer le souvenir de longues conversations familiales lors de mon adolescence. Parmi les hommes que j'ai le plus admirés dans ma vie, il y a mon père, mais aussi mon oncle et parrain Joseph. Il avait choisi de rester célibataire de manière à seconder mon père sur l'exploitation familiale. Papa, que les transhumances de son troupeau retenaient hors de la maison neuf bons mois de l'année, avait ainsi un homme de totale confiance pour accomplir avec maman les mille et une tâches de la vie d'une ferme sans téléphone ni eau potable. Le cheptel qui ne partait pas en transhumance était disséminé sur les sept granges éloignées de trente minutes à une heure de la maison et toutes construites à flanc de montagne. L'été, nous rentrions les fourrages à dos d'homme, l'hiver nous épandions le fumier dans les mêmes conditions.

D'apparence calme et réservé, il était profondément bienveillant. Je ne me souviens pas de l'avoir vu une seule fois de mauvaise humeur ou agacé. Il lisait beaucoup, aimait la musique sur la vieille TSF dont le bruit des ondes était plus audible que celui des notes. Tout comme mon père, il chantait bien, dansait comme un dieu. Il évoquait le futur avec la même aisance qu'il racontait le passé tout en riant du présent.

L'idée que la France et l'Allemagne se retrouvent enfin pacifiquement autour de la Communauté européenne du charbon et de l'acier, l'enthousiasmait. Il voyait en de Gaulle le seul homme capable de pouvoir enchanter ce passage de l'histoire.

Il était néanmoins préoccupé par les évolutions de la guerre froide. L'URSS et les États-Unis d'Amérique avaient la chance de disposer dans l'Europe d'un territoire tampon leur permettant de poursuivre leur bras de fer sans craindre pour leurs populations. Il était convaincu qu'en cas de coup dur, les Américains ne reviendraient pas une troisième fois. Il les savait trop occupés à plaquer leur modèle sur l'Europe de l'Ouest dont ils assuraient une forme de protectorat.

Il se méfiait des Anglais, de leurs relations privilégiées avec les Américains et de leur Commonwealth. Il était infiniment reconnaissant au Général d'avoir eu l'inspiration géniale de donner à la France la force de dissuasion. Il était heureux à l'idée qu'une Europe des nations commence à prendre forme, chaque pays conservant sa souveraineté.

« Tu vois, me disait-il souvent, ces États-Unis à qui nous avons pourtant donné l'indépendance, sont décidément insatiables. Les voilà qui veulent à tout prix nous faire calquer leur modèle fédéral sur notre vieille Europe coupée en deux par le mur de Berlin. » Il lui arrivait de montrer un mouvement d'humeur lorsqu'il prolongeait : « Ils sont terribles, ils confondent tout, ils n'ont aucun sens de l'histoire et ne respectent rien. Pourtant, c'est bien nos braves Anglais, Irlandais, Écossais, Espagnols – nous y avons participé un peu – qui leur ont permis de se construire en leur envoyant tous les bras qui étaient de trop chez nous. »

Il regrettait qu'ils aient trouvé en Europe, et particulièrement en France des hommes de grande vertu, mais à l'échine si souple. Il était circonspect sur le rôle que jouaient effectivement Robert Schumann et Jean Monnet, pour ne citer qu'eux. Il est vrai que les États-Unis accréditaient l'idée, avant de la mettre très rapidement en œuvre, que leurs fameux fonds de pension assureraient nos vieux jours tout en nous dotant d'une facilité financière rarement égalée. Cette dernière nous coûterait très cher. N'aurait-elle pas sa part dans l'endettement record de notre pays ?

Le plan Marshall l'avait confondu. « Sans réaction forte de la France, disait-il, notre pays, le plus agricole d'Europe, en aura fini de ses paysans et avec eux d'une certaine idée de la "France éternelle" ».

Les États-Unis avançaient désormais à marche forcée sur l'Europe fédérale, d'autant plus que les Soviétiques, sous le joug féroce de Staline, marquaient le pas après avoir échoué à mettre la main sur la France ou l'Italie. Ils avaient bâti le mur de Berlin, mais pas fait un pas de plus et commençaient à éprouver des difficultés à maintenir dans leur giron l'ensemble des enfants du pacte de Varsovie. Si les Hongrois, puis les Tchèques, payèrent cher leur goût d'indépendance, l'étoile rouge perdit à chaque remise en ordre un peu de son éclat aux yeux du monde. D'autant qu'une autre étoile rouge était apparue à la tête d'une Chine sur laquelle, hormis Alain Peyrefitte, personne ne misait un centime.

Revigorés par le retour aux affaires du Général et de sa « certaine idée de la France », notre pays décida de prendre ses distances avec Washington comme avec l'OTAN. Les casernes américaines furent invitées à regagner leurs pénates Outre-Atlantique.

L'Allemagne de l'Ouest avait réappris à marcher, l'afflux de capitaux états-uniens et la rigueur germanique avaient en quelques années fait des miracles. Les troupes françaises, britanniques et américaines allaient peu à peu, elles aussi, être invitées à rentrer chez elles.

La manière dont nos amis allemands ont réussi à réintégrer leurs frères de l'Allemagne de l'Est en une quinzaine d'années donne la mesure de leur puissance, de leur capacité à fixer des objectifs et à les mettre en œuvre. Un homme politique français, en vue à cette époque, aurait déclaré : « Si la France avait été capable de réaliser pareille performance, nous n'aurions pas à faire face à l'abandon de près de 70 % de notre territoire. »

Jusque dans les années soixante, ceux qui étaient à la manœuvre pour la construction européenne expliquèrent aux peuples les enjeux de ce changement politique majeur, en ont dit le bien-fondé, exposé les motivations profondes : assurer la paix sur le vieux continent, relancer la coopération économique entre les six pays fondateurs, insuffler dans les consciences le sentiment d'une vraie culture européenne.

La France vivait avec ses Trente Glorieuses une période de croissance continue qu'elle n'avait jamais connue. Sous l'égide tutélaire du Général, elle remontait quatre à quatre ses échelons dans le concert des nations.

Bien qu'imparfait, le débat démocratique était vivant et fort. La France disposait de sa droite et de sa gauche, à la gauche de laquelle se tenait un parti communiste particulièrement influent. Son étrange tandem avec le gaullisme dans la résistance et le souvenir des « jours heureux » lui conféraient un statut à part sur l'échiquier politique.

Tant au niveau national qu'européen, les débats étaient vifs et vivifiants. Les citoyens se déplaçaient massivement aux urnes. Gardons en mémoire les marathons agricoles animés par Jacques Chirac sous la présidence de Georges Pompidou, les discussions pour conclure des accords douaniers, tenter d'harmoniser les prix des produits, faciliter les échanges entre les pays.

Je me trouvais alors plutôt en phase avec une construction porteuse de paix et de progrès même si, très vite, j'ai eu des doutes sur les bienfaits de la PAC, sans pour autant faire partie de ses opposants irréductibles. J'étais convaincu que, malgré la lenteur et la complexité des discussions, nous parviendrions à des résultats bénéfiques.

Très vite, la Grande-Bretagne, dont peu de dirigeants parmi les Six souhaitaient la venue, frappa à la porte et posa ses conditions. Le général de Gaulle ne cacha pas ses réticences et fit tout, y compris en exerçant son droit de veto, pour ralentir les négociations entre les Six et la Grande-Bretagne, en laquelle il voyait « un cheval de Troie des États-Unis en Europe ». Finalement, Georges Pompidou se rallia à la demande britannique et en 1973 la porte s'entrouvrit pour laisser pénétrer dans le club des Six, outre la Grande-Bretagne, l'Irlande et le Danemark. Les élargissements allaient se poursuivre, intégrant dans les années 1980 les pays libérés de la dictature. C'est ainsi que la Grèce, l'Espagne et le Portugal firent monter le nombre des membres à douze en 1986.

La construction européenne avançait à pas de plus en plus rapides. Les miracles étaient là pour convaincre ceux qui hésitaient encore. L'Espagne, et à un degré moindre le Portugal, voyaient les fonds structurels se déverser sur leur sol et changer en quelques années la physionomie des transports et du logement. La Grèce ouvrit les vannes de la dépense publique, tout en exonérant d'impôts les grandes fortunes. Aucun Cassandre ne se risquait à tirer la sonnette d'alarme. Tout serait réglé grâce à la croissance promise. Le rêve fou des lendemains qui chantent passa des rangs communistes à ceux du capitalisme en voie de mondialisation.

La question européenne n'était traitée qu'à la marge des joutes politiques. Seuls les centristes, qui conservaient l'héritage de Schumann et Monnet, étaient devenus les chantres d'une Europe intégrée, puis fédéraliste.

Je pense que l'on perdit définitivement le fil du récit le jour où François Mitterrand, en 1992, soumit à l'approbation référendaire un pavé de mille pages intitulé *Traité de Maastricht*. Celui-ci devait marquer le véritable décollage de la nouvelle Union européenne et, pour ceux qui savaient lire entre les lignes, annonçait la monnaie unique. L'incroyable surprise concerna alors Jacques Chirac qui amorça un virage à cent quatre-vingts degrés en se ralliant à la cause européenne, vision fédérale, rompant avec le gaullisme historique. Le 20 septembre 1992, le « oui » l'emporta, à la très courte majorité de 51 % des suffrages exprimés. Le RPR et le PS se déchirèrent sur la question mais la majorité de leurs leaders s'y rallia. François Mitterrand mortellement atteint, réalisa une fois encore un grand numéro d'artiste dramatique. Ma famille et moi votèrent contre, et ce ne fut pas le moment le plus facile de notre longue histoire avec François Bayrou. Tous les partis de pouvoir, hors le PC, n'avaient finalement recueilli que 51 % des suffrages.

On sentait que les mécanismes commençaient à se gripper et que le temps des marchandages remplaçait peu à peu celui des compromis. C'est cette pente qui n'a cessé d'être suivie. Les deux dernières décennies ont fini de me convaincre que la belle idée initiale était devenue un cauchemar.

En matière européenne, la profondeur du fossé qui séparait l'opinion française de ses élites politique et médiatique éclata aux yeux de tous, alors même que le grand parti de gauche et le grand parti de droite avaient appelé à voter oui. Par la suite, ce fossé allait devenir gouffre.

Le peuple ne suivait plus ce marathon européen qui en un peu plus de vingt ans allait faire passer la Communauté, devenue bientôt Union, de douze à vingt-huit membres. Il pressentait que le monstre né de ces vagues d'intégration successives devenait ingouvernable et que seule une technostructure de plus en plus puissante prenait les décisions et imposait aux peuples des réglementations qu'au mieux ils ne comprenaient pas, qu'au pire ils rejetaient.

En 2003, le traité d'Athènes entérina d'un coup l'arrivée de dix nouveaux pays. Aujourd'hui, le bilan est là : l'Europe est passée de six à vingt-huit membres dans le même temps où sa constitution élargissait ses compétences et captait une part croissante des souverainetés nationales. On a ainsi doublé les difficultés.

Avec une Europe ingouvernable à vingt-huit pays, c'est donc la Commission européenne, institution supranationale, qui tire son épingle du jeu, hors de toute consultation démocratique.

Les populations, en France comme ailleurs, vivent ces bouleversements d'autant plus mal que les promesses répétées d'une Europe sociale ne sont pas tenues. C'est un énorme marché commun qui s'est mis en place, sans véritable règle fiscale ni sociale, de sorte que des pays censés être amis se concurrencent pour attirer les entreprises et exporter chez les autres une main-d'œuvre à bas coût.

Dans ces conditions, comment s'étonner qu'en France le référendum de 2005 ait vu le « non » l'emporter avec près de 55 %, des suffrages exprimés, dont le mien? Les Français ne voulaient pas d'une Constitution européenne. La leur est suffisante. Ils ne voyaient donc pas pourquoi on leur en imposerait une supplémentaire, d'une valeur juridique supérieure.

Stupeur dans la classe politico-médiatique, quasi unanime à prôner le « oui » au nom de valeurs vidées de tout contenu : le progrès, la victoire de la démocratie, le rayonnement de l'Europe, la prospérité pour tous. Voilà que le bon peuple ne suivait plus les consignes de vote puisque, hormis les partis nationalistes et le PC, tous les grands partis avaient appelé à voter pour. Il n'écoutait plus les experts, ne croyait plus aux promesses de Bruxelles, en un mot se mettait à penser par lui-même !

Qu'à cela ne tienne.

Trois ans plus tard, grâce à un aménagement constitutionnel, Nicolas Sarkozy obtint la ratification du traité de Lisbonne par voie parlementaire. Le tour était joué. Le peuple savait désormais que si son vote n'agréait pas les puissants, ceux-ci le contourneraient sans autre forme de procès.

Ce jour-là restera gravé en moi comme l'un des plus sombres de ma vie. Je venais de voter contre comme je l'avais régulièrement fait depuis Maastricht. Je rencontrais le défunt Henri Emmanuelli. Nous n'avions jamais eu d'atomes crochus. Ce jour-là il avait voté comme moi, nous étions tous deux accablés par ce qui venait d'être fait. Il me dit alors : « Il nous faudra des décennies avant de retrouver la confiance du peuple, si nous la retrouvons un jour. »

Les parlementaires, ministres et consorts, issus de la volonté du peuple, venaient de le désavouer en disant « oui », là où il avait majoritairement posé un « non ». Il ne leur restait plus qu'à jouer les faire-valoir des grands succès européens, certes indéniables. Airbus, le programme spatial, Erasmus… sauf que ces derniers avaient déjà vingt ans d'âge et avaient vu le jour à l'époque où les peuples pensaient avoir encore droit au chapitre.

La ratification parlementaire du traité de Lisbonne consacra la financiarisation à l'américaine de la nouvelle Europe au détriment de sa citoyenneté et de ses peuples. La technocratie européenne, qui avait déjà grignoté les pouvoirs du Conseil européen, allait être expressément consacrée.

C'était l'époque où l'on était capable de réunir autour de la même table la France, l'Allemagne, la Grande-Bretagne, l'Espagne et l'Italie pour réussir un tel exploit.

L'Europe passait en pilotage automatique, bien loin des aspirations légitimes des peuples qui percevaient les effets nocifs pour leurs économies. La concurrence entre pays frères se développait chaque jour d'avantage. L'Europe devenait la figure de proue du capitalisme mondial que manageaient les fonds de pension américains et les instances états-uniennes.

Le grand mercato européen se poursuit. Aujourd'hui, pas moins de six nouveaux pays posent leur candidature à une Union européenne déjà lourde de vingt-sept membres. N'oublions cependant pas qu'à chaque sondage interrogeant l'opinion sur son acceptation de l'Union européenne, le pourcentage de « non » ne cesse de croître. Gageons donc que le mode de consultation référendaire en matière européenne n'est pas promis à un grand avenir !

Loin de moi l'idée d'organiser un « Frexit » et de détricoter l'Europe. Si vous me le permettez, j'y reviendrai dans un prochain courrier où j'échangerai sur le thème du lien nations et Europe.

Vaille que vaille, une solidarité s'est instaurée au sein des pays européens. Cette dernière a réussi à accueillir de grands pays de l'ex-Union soviétique. Ne disposant pas d'une autorité politique, elle s'est malheureusement abandonnée à la technocratie qui a laissé s'installer la dictature de la finance globalisée.

Les institutions européennes s'efforcent de construire des budgets leur permettant de fonctionner. Elles gardent en toutes circonstances un regard acéré sur le pacte de stabilité de chacun des pays, écrivent des directives et des normes de plus en plus au service des multinationales. Elles négocient des traités d'échanges tels que les TAFTA (Transatlantic Free Trade agreement) et autres CETA (Comprehensive Economic and Trade Agreement), sans que les peuples aient à connaître quoi que ce soit de leur contenu et de leurs conséquences. Qu'apportent-ils à nos producteurs ? Qu'apportent-ils à nos consommateurs ? Où est passée la démocratie ?

Cher compatriote, vos questionnements sont légitimes. Nous payons trente années d'Europe sans projet politique commun. Nous n'avons aujourd'hui ni une Europe solide, ni des États solides, alors que le général de Gaulle espérait les deux à la fois : une « Europe des nations » formée d'États démocratiques et responsables. Ne devrions-nous pas reprendre la réflexion sans tabou dès maintenant et dans les années qui viennent ?

On ne peut maintenir impunément des peuples bâtis par des siècles d'une histoire si singulière sous le joug d'une vision pour l'instant sans réalité ni incarnation. Redevenons pragmatiques, faisons enfin fonctionner l'Europe en mode « Europe des nations » avec son Conseil européen, déjà composée des chefs d'État ou de gouvernement. Il s'agit de sauver la paix. Faisons-le en prenant en compte les réalités qui s'imposent et non des chimères. Redonnons la parole à nos peuples qui nous indiqueront la marche à suivre pour en finir avec la dictature de la ploutocratie.

L'homme qui réfléchit et débat, construit, celui qui subit en silence, se révolte un jour. Ce ne sont pas les débats politiques qui nous ont menés à la guerre. Ce sont souvent la misère et la famine. En sommes-nous si loin ? L'immense majorité des pays frères du vieux continent dans toutes leurs différences n'aspire plus à des luttes d'expansion territoriale. Et peut-être que nos jeunes, le moment venu, reprendront le flambeau et pourront réfléchir à nouveau sur la meilleure manière d'y vivre ensemble. Pour l'instant, n'oublions pas les responsabilités que nous impose notre si particulière histoire.

Fraternelle amitié,
J. L.

LES NATIONS ET L'EUROPE

Paris

Cher compatriote,

Imaginez la scène.

Une vaste salle qu'occupe, en son centre, une non moins vaste table circulaire capable d'accueillir vingt-huit convives. Ceux-ci se réunissent à intervalle régulier. Ils commencent par dîner, papotent entre eux avec courtoisie, échangent des propos sur la santé de l'un, les difficultés de l'autre, les états d'âme de x, les problèmes financiers de y. Sourires, politesses, interpellations d'un bout de la table à l'autre. « *Hello, Angela, how are you? – Fine, fine, thank you. And you, Jüri ?* » L'anglais est de rigueur. Entre une Allemande et un Estonien comme entre un Croate et un Polonais, un Espagnol et un Roumain. Plutôt un sabir international d'aéroport, de palace et de salle de marché.

Les plats qu'on sert à la table circulaire ont une double caractéristique : cherté et simplicité. Urgence écologique oblige, le naturel, le léger et le vrai sont à l'ordre du jour. Du moins dans les assiettes et les propos. Le lourd et l'artifice viendront ensuite. Les serveurs s'empressent sous l'œil vigilant de trois maîtres d'hôtel. Le maître d'hôtel en titre : le président de la Banque centrale européenne. Ses deux assistants : les présidents du Parlement et de la Commission.

Le dîner s'achève. Une nuée de bac + 12 chargés de dossiers prend place à deux mètres derrière les convives. Les discussions sérieuses commencent, tandis que certains convives, qui ont trop forcé sur le tokay et le vosne-romanée luttent contre la somnolence. Par bonheur l'Allemande, le Français, l'Espagnol et quelques autres sont dans les starting-blocks. Le Maltais et le Lituanien rongent leurs freins. La Britannique se ronge les ongles.

L'ordre du jour succède au menu des agapes. La règle du jeu est simple : sur les sujets d'importance, l'unanimité est impérative. Pour les autres, une majorité des trois quarts est suffisante. De sorte qu'aucune décision d'importance n'est jamais prise, sauf lorsque, par de longs et discrets conciliabules de coulisses, les convives les plus influents sont parvenus à convaincre, menacer, intéresser, dealer avec les petits nouveaux sans grande fortune, qui siègent désormais au banquet des dieux. Les discussions n'en durent pas moins jusqu'à une heure avancée de la nuit, voire les premières lueurs du jour.

Une nuit, il y a deux ou trois ans, la Britannique a explosé. On allait voir ce qu'on allait voir. Elle s'est levée précipitamment, a jeté ses feuilles de notes sur la table et est sortie à grands pas volontaires de la salle. Les autres se sont regardés, interdits et gênés, certains réprimant un rire nerveux. Pas sûr qu'à vingt-sept ce sera plus facile.

Les vestes pendouillent sur les dossiers des chaises, certains convives s'occupent en faisant de petits dessins pendant que d'autres, plus jeunes, plus ambitieux, plus prétentieux, expliquent à la tablée que vouloir, que faire, que dire au monde. Les sommeliers sont partis se coucher depuis longtemps. Les serveurs n'apportent plus que de l'eau minérale et du café. Beaucoup de café. Les bâillements se font de moins en moins discrets. « Bon, maintenant on fait quoi ? On passe au vote ? », s'enquiert un des convives. Et cela dure, dure encore. Jusqu'à ce que le maître d'hôtel, celui de la Banque centrale européenne, claque dans ses mains et fasse quelques annonces : plus de crédit pour Untel, moins de tolérance pour le déficit d'Unetelle, vive le marché, la reprise est là, le ruissellement ne va pas tarder, la Grèce s'aligne, marre des discussions sans fin, maintenant tout le monde au lit.

Faute de fumée blanche au-dessus du bâtiment, ce sont les indiscrétions des bac + 12 et les mines des premiers sortants qui donnent le *la*. Il a été décidé... Quoi donc ? Oh mais beaucoup de choses. Le projet d'une défense européenne. La création d'un nouveau commissariat. La création d'un groupe de travail au sein de la Commission pour réfléchir au rôle de la Commission. La condamnation formelle de la Turquie, de la Russie, de la Syrie. Et ainsi de suite. Comment se mettre unanimement d'accord sur autre chose que des projets non financés et des condamnations ? Comment s'accorder sur du constructif quand on est vingt-huit ? Comment harmoniser tant d'histoires différentes, d'itinéraires particuliers, d'intérêts antagonistes ?

Qu'à cela ne tienne. Sur le seuil, le Français explique devant la presse qu'on a bien avancé et qu'il ne désespère pas. L'Allemande, plus technique, détaille ligne par ligne les résolutions adoptées. L'Italien, mal à l'aise, réaffirme sa solidarité avec ses collègues. La plupart sortent dans une indifférence générale.

Les berlines aux vitres fumées se succèdent devant une banale entrée d'immeuble. Le rituel est immuable. Un monsieur, rarement une dame, sort à pas rapides de l'immeuble, sourit aux photographes et s'engouffre dans sa voiture. Les journalistes font mine de s'empresser, comme jadis leurs grands-pères à la sortie des conseils de ministres. Mais le cœur n'y est plus. « Qu'est-ce que tu veux que j'annonce ? », lance une journaliste qui ne sait pas qu'elle est déjà à l'antenne. « Tout se passe derrière, là-bas, en douce, et ça, je vais te dire, ils ne sont pas près de venir le raconter. »

Une pluie fine tombe sur Bruxelles. La température est frisquette. Les bac + 12 enfilent leurs imperméables et foncent prendre leur Thalys, leur avion, leur voiture. Les derniers convives s'attardent devant la porte dans l'espoir d'une interview qui ne vient pas. À l'intérieur, le maître d'hôtel débriefe avec ses assistants. « Ils ont décidé tout ce qu'on avait prévu. C'était le bon sens. Allez les gars, on range tout et on se met au boulot. » D'un geste rapide il commande de rouler le tapis rouge du seuil.

La fête est finie.

Cher compatriote, je vous avais promis de développer ma vision de la relation entre les nations et l'Union européenne. Comment cette construction mue par de nobles principes en est-elle arrivée à ce qu'elle est aujourd'hui ?

À n'en pas douter, à l'échelle de l'Europe, le vote de 2005 marqua le début de la grave dépréciation du système électoral, des politiques, des médias, des élites, dans laquelle nous nous trouvons encore.

Je l'ai constaté lors de ma marche à travers le pays en 2013. La base sociale exprimait régulièrement sa colère face à ce déni, car si les Français râlent, ils respectent le verdict des urnes et entendent que leurs élus en fassent autant.

L'élection européenne de 2019 a illustré ces problèmes et cette impasse. Le Rassemblement national la gagna avec quelque 23 %, mais sur une toile de fond de près de 50 % d'abstention.

Notons en outre que beaucoup d'électeurs se sont prononcés sur des questions franco-françaises, pour ou contre M. Macron, pour ou contre la domination financière. Quelle est alors la signification des résultats sur la question européenne ?

La République en marche talonnait le Rassemblement national, mais chacun des deux camps, si l'on prend en compte le taux d'abstention, se retrouvait à peine au-dessus des 10 %. Voilà le véritable étiage des deux grands blocs politiques en présence. Si l'on ajoute les suffrages recueillis par les autres listes pro-européennes, le score ne dépassait pas les 20 % d'inscrits. Comment susciter l'adhésion du plus grand nombre dans ces conditions ?

Ce qui saute aux yeux, en revanche, c'est le rejet et le désintérêt du corps électoral pour la question européenne.

Lorsque j'ai effectué mon tour d'Europe, en 2014, j'ai pu mesurer hors de nos frontières l'ampleur de l'euroscepticisme. Même les jeunes qui bénéficiaient du programme Erasmus pensaient que son existence était naturelle. La majorité ne savait pas qu'il y avait des élections européennes, alors même que nous étions à une quinzaine de jours du scrutin. Lorsque je leur expliquais les procédures pour voter, beaucoup n'en avaient pas connaissance. De toute façon ils avaient prévu autre chose ce jour-là ; visiter leur tante, voir leur petit ami. Et puis : « C'est une affaire de vieux, un échange de bons procédés. Ça ne nous concerne pas ! »

Même dans les pays réputés pro-Union européenne, les votes de rejet atteignent les mêmes scores que chez nous. Et pour les mêmes raisons : impuissance réelle ou feinte des gouvernements face aux technocrates bruxellois, lesquels ne nous dirigent pas non plus. Ils nous gèrent et nous contraignent.

D'où ce rejet d'un « machin », comme aurait dit de Gaulle, qui n'existe pas mais s'impose à tous, avec la complicité des gouvernants nationaux qui se dédouanent ainsi de leur inertie.

Même en Allemagne j'ai senti la force de ce rejet. Est-elle un signe de la déliquescence du sentiment pro-européen qui a longtemps habité les Allemands ? Je m'étais rendu sous des barnums, à Berlin, là où les leaders eux-mêmes comme Martin Schulz tenaient meeting pour les élections européennes de 2014 devant un public de moins de 500 personnes et acquis d'avance. Quelques jours après, Angela Merkel tentait aussi de ranimer la flamme pro-européenne d'un public non moins clairsemé. Mais à l'extérieur, des milliers de Turcs protestaient d'une voix forte contre le sort que le pays leur réservait.

Je fus marqué par le courage de ces deux leaders politiques. Aurait-on imaginé en France ou ailleurs les deux leaders des principaux partis tenir en toute simplicité une réunion en plein cœur de la capitale ? L'Europe, en Allemagne comme ailleurs, passe pour la grande organisatrice du désordre migratoire et social. Dans ces conditions, quelle offre politique fait encore rêver l'électeur ?

Cette fois-ci, un peu partout en Europe, ce furent Les Verts qui décrochèrent de bons scores. La prochaine fois, ce sera peut-être un autre groupe. Parions néanmoins que ce ne sera pas un grand parti de gouvernement, tous étant dévalorisés aux yeux de leurs électeurs.

L'un des moments les plus intenses de ce tour d'Europe, je le vécus en Grèce. Le torchon brûlait alors entre ce pays et l'Allemagne, accusée par les Grecs de prolonger le travail de désintégration de leur pays grâce à la fameuse troïka (Commission européenne, Banque centrale européenne, Fonds monétaire international).

L'ambassadeur de France à Athènes m'avait organisé un formidable programme. C'est ainsi que je passais deux heures à échanger avec l'un des prédécesseurs d'Alexis Tsípras, Giórgos Papandréou. Il prévoyait que l'élection entraînerait la mort du PASOK. Selon lui, le plus ancien parti démocratique d'Europe, socialiste de surcroît, n'était même pas assuré de faire élire un député.

Ensuite je rencontrai Aléxis Tsípras. Les sondages le plébiscitaient. Il termina notre entretien en proie à la plus vive émotion, au bord des larmes, d'avance subjugué par la transformation qu'il allait conduire dans son pays.

Je me permis de faire observer à cet homme habité d'une conviction ardente qu'il aurait beaucoup de difficultés à tenir tête à tous ceux qu'il désignait comme ses adversaires et voulaient en finir avec son pays.

Il me semblait qu'il n'avait pas préparé les esprits aux changements à venir, avait omis de leur expliquer et de les préparer à la difficulté de la tâche à accomplir face aux moyens de coercition des hautes instances européennes. Cette capacité de dire « non » porte un nom : « la résistance ».

Je me souviens de lui avoir dit : « Je te souhaite bonne chance mais, à mon avis et sans vouloir te décourager, en moins de trois mois tu seras un homme seul. » Je ne me trompais pas. De l'importance d'informer, d'expliquer, partager les éléments de contexte.

J'ai toujours considéré qu'avant tout changement pacifique de paradigme et face aux forces qui s'y opposent, il faut toucher les siens au cœur et les familiariser aux exigences de la démocratie, ce qui en Grèce semble pourtant sonner comme une évidence.

Les faits sont là. Sans tenir compte une fois encore de l'avis des peuples, exprimé par le scrutin, la technocratie européenne a imposé ses règles. En revanche, dans cette gestion supranationale et coupée des peuples, elle est rarement capable de la moindre action concertée ou d'une prise de position partagée. Je pense notamment à l'immigration, mais aussi aux conflits au Moyen-Orient, à la manière de se positionner face aux États-Unis ou à la Chine.

En même temps, cette technocratie s'impose comme un monstre capable de tenir tête aux plus puissants dès lors qu'ils ne sont plus en phase avec les diktats bruxellois.

Le Royaume-Uni ne me démentira pas. Il est en train de vivre l'un des passages décisifs de sa longue histoire. Je me garderai bien d'esquisser l'ombre d'un sourire à l'égard de leur situation actuelle, tant j'ai le sentiment qu'un jour ou l'autre ils feront payer très cher l'addition à ceux qui les ont moqués.

Les Britanniques sont allés au bout. Nul ne connaît encore les conséquences de cette décision en 2016, réitérée par le peuple en 2019. De la même manière, je ne crois pas un seul instant à l'effacement d'une France sortie de l'histoire.

Le problème aujourd'hui n'est pas tellement de savoir si l'Union européenne telle qu'elle existe est une bonne ou une mauvaise chose. Le départ du Royaume-Uni ouvre un contexte politique, économique et social différent. D'un côté, le problème que cette décision suscite en Irlande et en Écosse est loin d'être réglé. De la même manière avec qui les pêcheurs hollandais, belges et français préféreront-ils discuter de leurs droits de pêche réciproques? Londres ou Bruxelles? Cette double réalité devrait nous interroger. Continue-t-on de la même manière? Le moment n'est-il pas venu d'impliquer les peuples dans ces questions cruciales?

Sur ce point, loin de moi l'idée de suggérer une fracture supplémentaire en France à l'image de celle du Royaume-Uni. Mais impossible de rester inactif et d'accepter la situation. Ainsi, il me semble pertinent de réfléchir pour modifier notre organisation européenne en prenant en compte l'expression des peuples. Que l'organisation européenne soit un lieu de coordination et un facilitateur de partenariat entre les États qui la compose. Pour cela, nul besoin d'autant de hauts fonctionnaires « passeurs de chemises », mais des acteurs de l'intelligence collective, des traits d'union entre les divers intervenants. Je propose également de réduire de 3 milliards notre contribution annuelle de 21 milliards.

Je crois à une Europe des nations conforme à la vision gaullienne, une Europe où la supranationalité ne règne pas en maître et où chaque peuple et ses représentants peuvent s'exprimer et influer pour engager un nouveau chemin. Elle permettrait de retrouver des leviers d'action à géographie variable, de réinjecter de la souplesse et de l'agilité. N'est-on pas plus efficace en choisissant de prendre des décisions dans un périmètre adéquat, avec ceux que le problème concerne réellement ou avec un groupe qui décide d'un projet commun ? Des précédents illustres en apportent la preuve. Airbus ou Ariane constituent d'immenses succès. Serait-il possible de les mettre sur pied aujourd'hui ? Est-ce que le projet de coopération sur la sécurité des systèmes informatiques prendra le même chemin ?

Chacun des États doit conserver sa liberté de mouvement en fonction de ses spécificités. Une telle attitude serait conforme à l'intérêt général du vieux continent et aboutirait à quelques victoires rapides qui redonneraient espoir et confiance à tous, car les victoires appellent les victoires.

Il existe des domaines où les intérêts sont partagés.

La question de la migration en est une. Travailler ensemble ou à quelques-uns pour traiter ce point constitue une urgence.

Je m'interroge aussi quant à la pertinence d'une défense commune. Si je prône la sortie de l'OTAN, c'est pour permettre à l'Europe de se défendre. Actuellement, il n'existe aucune cohésion dans la démarche des pays membres. C'est ainsi que les Belges, les Polonais et quelques autres achètent des avions militaires américains. Nous devrions aussi parvenir à arbitrer nos conflits sur la concurrence. Cela renforcerait notre efficacité sans mettre en cause notre souveraineté.

Nombre de nos pays européens conduisent des initiatives totalement discordantes. Cela peut parfois heureusement être le fruit d'une stratégie commune et partagée. Par exemple la République tchèque est restée une amie privilégiée du régime syrien, officiellement honni par l'Union européenne. Cette dernière ne se servirait-elle pas de cet état de faits pour entretenir des relations cachées avec ce régime-là ? Comment retrouver la confiance devant tant d'hypocrisie ?

La France a toujours eu une querelle d'avance et une guerre de retard. Je considère que l'Union européenne, ses dissonances, les hypocrisies qu'elle induit au niveau des peuples, son statut de grande prêtresse de la finance spéculative la rendent aussi efficiente pour nous protéger que la ligne Maginot des années tragiques. Ce sont les pays européens désormais réconciliés, vivant et travaillant ensemble de manière souveraine, qui construiront durablement une Europe solidaire et en paix.

L'Union européenne n'a pas su faire émerger une citoyenneté partagée.

Cher compatriote, la France a été pionnière dans la construction européenne. Avec sa souveraineté et des marges de manœuvre, elle trouvera de nombreux partenaires pour faire du sujet européen qui divise celui qui suscite de nouveau le désir.

Fraternelle amitié,
J. L.

LA FRANCE DIPLOMATIQUE

Paris

Cher compatriote,

Vous me faites part aujourd'hui de votre perplexité devant le fait que nos forces armées soient encore présentes sur divers théâtres d'opération, en Afrique et au Moyen-Orient notamment.

Vous me dites votre consternation devant la disparition de tous ces jeunes qui font don de leur vie au nom de la France, votre tristesse en pensant à leurs veuves et à leurs enfants. Vous me demandez pourquoi nos gouvernements ne cessent de guerroyer ici et là et pour quel résultat.

Vous m'écrivez dans un même élan votre admiration pour la diplomatie française, la seule selon vous qui a tenu tête des siècles durant à celle de Sa Gracieuse Majesté. Vous vous demandez pourquoi la France, disposant d'une telle arme de paix, continue pourtant à faire parler ses armes à feu.

Notre pays doit prendre sa part dans le concert des nations. « France, France, sans toi le monde serait seul ! », proclamait Victor Hugo dans *La Légende des siècles*. Toutefois elle ne peut prendre en charge tous les problèmes du monde.

Notre priorité ne serait-elle pas de rétablir la France comme grande puissance diplomatique et de refaire d'elle le lieu où les ennemis se parlent et déposent les armes ? La diplomatie a toujours été notre valeur ajoutée ; je suis d'avis qu'elle le redevienne. Déployons ailleurs les moyens humains et financiers des divers théâtres d'opérations extérieures.

Le recours à la force armée dans un pays étranger devrait rester l'ultime recours après que toutes les voix de la diplomatie ont échoué. Notre armée, malgré ses faibles moyens, est unique au monde par sa « rusticité » et sa capacité d'adaptation. Par son savoir-faire, sa connaissance du monde, des hommes et de leurs organisations, elle est l'une des rares à pouvoir comprendre une multitude de situations et à établir le lien avec tous les hommes. Nos bombardiers n'ont jamais frappé « deux ponts plus loin ».

Si la France veut gagner cette reconnaissance universelle d'artisan de la paix, elle doit cantonner l'intervention de son armée sur quelques cas où notre diplomatie n'a pas encore réussi son long travail de persuasion.

Certaines de nos interventions ont exposé notre population à des représailles sur son propre sol. L'idée n'est pas ici d'abandonner les populations des pays en guerre pour limiter le risque d'attentats en France ; mais de faire le constat que les armes ne servent à rien d'autre qu'à faire vivre un secteur économique, celui des prestataires et fournisseurs.

Nous ne devons plus tolérer des interventions comme celle en Lybie en 2011. Elle a conduit à une anarchie sans solution pour les populations civiles. La France doit cesser d'être le petit porteur d'eau d'une OTAN devenue aussi inutile qu'impuissante et des Américains dans leur mise en œuvre de plan de bataille dont l'intérêt n'est plus forcément le nôtre, et dont la réalité ne repose bien souvent que sur des châteaux de sable.

Elle est devenue, dans certains endroits du monde qui comptaient parmi nos amis fidèles, le pays le plus haï après les États-Unis. Ce n'est pas la puissance que recherchent ceux qui sont dans le malheur, mais une force qui s'impose par le respect qu'elle suscite, sa maîtrise des situations et sa capacité de dialogue. Continuons donc inlassablement à œuvrer à la libération des peuples opprimés, mais faisons-le pacifiquement. Seule une prise de conscience par notre peuple de cette nécessité est capable de nous transcender pour que nous changions là aussi de paradigme, avec le concours de l'intelligence d'hier, d'aujourd'hui et peut être de demain.

La France est un monde, la France est une grandeur.

La France deviendra ainsi la mère de la paix.

Chacun le devine, ce ne sera pas forcément facile.

Que pourront ceux qui ne pensent qu'à leurs intérêts spéculatifs et financiers face à ce supplément d'âme ?

Rétablissons des liens étroits avec la Russie et la Chine. Retrouvons notre crédibilité au Proche et au Moyen-Orient.

Les services russes et américains n'ont aucun scrupule à nous surveiller et à chercher à influer sur la vie politique et économique de notre pays par divers canaux de propagande. Il est donc essentiel, pour la souveraineté nationale ainsi que pour la protection de la vie privée de nos compatriotes, de développer nos capacités de cyberdéfense. Via Internet et les réseaux sociaux, chacun sait tout sur tout le monde. Les secrets que l'on croyait les mieux gardés s'étalent au grand jour, aussi bien dans la sphère privée que dans la sphère publique ou celle de la production industrielle.

Il nous faut défendre nos brevets, les grandes entreprises qui nous restent et les longues recherches que nous allons engager. D'où l'impérieuse nécessité de mettre en place cette cyberdéfense pour stopper la montée en puissance des dangers numériques. Il faut confier cette mission à l'armée, structurée et fiable, à condition qu'elle fasse le tri dans ses fournisseurs entre ceux qui sont sous la coupe de la puissance spéculative globalisée et ceux dont on est capable de mesurer le niveau d'indépendance requis.

L'initiative GALLIA, plateforme collaborative pour la filière cybersécurité, réunit gendarmes, administrations, écoles, communautés d'experts, associations d'industriels et d'utilisateurs, qui souhaitent échanger sur leurs pratiques, leurs problématiques, les perspectives et opportunités. Cette initiative doit être renforcée et devenir prioritaire.

J'avais abordé ces questions allant jusqu'à m'interroger sur la place de notre pays dans le monde, lors de ma campagne présidentielle. C'est dans cette optique que je décidai de me rendre en Syrie en 2016, avant d'y retourner en janvier 2017, avec deux autres députés.

Siégeant à la commission des finances, j'avais connaissance des sommes astronomiques que représentaient les ventes d'armes à l'Arabie Saoudite notamment. J'étais aussi désireux de rencontrer les chrétiens d'Orient pour leur apporter notre soutien. Plus globalement, je voulais comprendre quel avait été le rôle de la France dans les chaos libyens et syriens. Pourquoi, après les avoir reçus triomphalement à Paris l'un et l'autre, nous en étions-nous par la suite pris à eux ? Oh, je sais qu'ils ne constituent pas des modèles d'humanisme.

Leur point commun : ils étaient tous issus du panarabisme du colonel Nasser et d'inspiration laïque. Pourquoi, dès 2011, avait-on fermé les consulats puis l'ambassade à Damas ? Ils auraient été utiles pendant la période des printemps arabes s'il ne s'était avéré très vite que ces derniers n'étaient pas déjà dans les mains d'Al-Qaïda, Daech et al-Nosra.

Ces faits remontent à près de dix ans. Combien de temps nous faudra-t-il encore pour que la partie sachante de la France et de l'Europe accepte de reconnaître qu'elles sont dans l'incapacité d'échanger un mot avec les Américains, les Russes, les Syriens et consorts ? Nous ne sommes plus avec personne. Ils sont pourtant tous présents sur les lieux de la tragédie. Quand reconnaîtrons-nous que nul ne nous y réclame et que notre présence n'est souhaitée par aucune des parties ? Quand reconnaitrons-nous que non seulement nous n'avons plus aucune influence sur ces terres abreuvées du sang de tant d'innocents mais qu'au contraire nous sommes considérés comme infréquentables ? Trouverons-nous un jour la force de rappeler que la Syrie constituait il y a cinquante ans à peine un protectorat français, que la majorité des habitants y parlent notre langue, qu'ils figuraient il y a dix ans encore au rang de nos alliés les plus fidèles ? Quand dirons-nous enfin combien il nous est reproché, même si fort heureusement nous n'étions pas les seuls à nous être trompés, d'être considérés comme ceux par qui le malheur est arrivé et continue d'être alimenté ? Quand dirons-nous enfin que le seul pays à ne pas avoir sombré dans le chaos libyen ou irakien est la Syrie ? Au contraire, cette dernière a quasiment réussi à se libérer, malgré le piège du terrifiant bal des hypocrites. Il lui reste la province d'Idlib parmi les 400 000 malheureux otages encore pris dans ce piège, au cœur de la plus importante concentration de djihadistes, constituée tout au long de ses terribles années. Quand nous déciderons-nous à reconnaître que nos vertueuses préoccupations se résumaient, au même titre que celles des autres, à quelques mots gaz, pétrole, vente d'armes à tout va ? Quand reconnaîtrons-nous que le seul domaine sur lequel nous ayons fait jeu égal avec l'ensemble de ces protagonistes est celui du cynisme ? Nous les avons même certainement surclassés ! Cours de vertu, morale quotidienne, expression de colères, menaces de représailles... Le vieux continent et la France glorieuse en sont réduits à tenir, sous forme de compte d'apothicaires au jour le jour, le macabre registre de ceux que nous daignerons recevoir respectivement chez nous. Quand nous résoudrons-nous à avouer que contrairement à la Libye et à l'Irak, la Syrie n'a pas sombré dans le chaos, malgré la terrifiante quantité de sang versé par des innocents ? Qu'est la France devenue ? Pro-djihadiste après avoir fait croire à tous qu'ils étaient nos ennemis ? Juge à La Haye dans un procès a priori encore bien lointain, celui de Bachar al-Assad ? Machiavel déclarait qu'on ne sort de l'ambiguïté qu'à son propre détriment. Le jour où nous aurons parlé et rétabli les faits, l'heure du dénouement et du retour à la paix ne seront plus très loin.

Si nos peuples avaient besoin d'une preuve supplémentaire pour se convaincre de notre asservissement à l'impitoyable milieu du système, elle est de couleur rouge. Elle continuera à se répandre le long des côtes de la Méditerranée ou de la mer Égée. Combien de centaines d'embarcations de migrants laisserons-nous courageusement se noyer sous les tirs des pays qui n'en veulent pas chez eux ?

J'accuse !

J'ai connu nos ambassadeurs toujours impeccables dans leurs ambassades il y a une trentaine d'années. C'était le lieu où l'on aimait à se retrouver. Les 14 Juillet affichaient complet. Malheureusement depuis une dizaine d'années les nombreux ambassadeurs qui m'ont visité m'ont tous fait part en termes ô combien diplomatiques, de leur absence de moyens financiers. Je me souviens de l'épouse de l'un d'eux qui m'a fait observer discrètement l'état du plafond du bureau de son époux. Elle m'a confié aussi que longtemps la préoccupation de monsieur l'ambassadeur et de l'ensemble de ses collaborateurs avait été de savoir comment placer untel ou untel lors d'une réception, de justifier de ne pas avoir invité tel autre. Dorénavant, ils sont encore soucieux, mais leur question est de savoir si les amis belges, marocains, canadiens seront bien présents ou non pour que la fête nationale française n'apparaisse pas diplomatiquement un peu maigrelette en matière de convives.

Croyez-vous, cher compatriote, qu'à l'heure où les quartiers les plus populaires du royaume de Sa Gracieuse Majesté ont décidé de redonner à leur pays une souveraineté hors Union européenne, nous puissions rester les bras croisés ?

Vous êtes chatouilleux sur le sujet. Le problème n'est plus Brexit ou pas, le Brexit a été entériné. Nos amis d'outre-Manche n'en n'ont certes pas fini avec les Écossais et les Irlandais. Accordons-nous au moins sur un principe : la diplomatie britannique sortira de sa réserve et de son apparent silence. Qui a oublié que la France et le Royaume-Uni dans leur si singulier tête-à-tête ont depuis si longtemps largement façonné le monde d'aujourd'hui ?

Cher compatriote, je peux convenir que les réponses que je vous apporte ne soient pas encore en mesure de vous rassurer pleinement. Je connais la subtilité de votre intelligence, votre grande connaissance du monde, votre savoir artistique, littéraire, en un mot, votre approche de la nature humaine pour vous inciter à mettre votre esprit et votre cœur en mouvement vers cette vision nouvelle.

Fraternelle amitié,
J. L.

Paris

Cher compatriote,

Je me suis demandé si j'allais faire état des propos que vous m'avez tenus dans votre dernier courrier. Vous m'écrivez qu'au cours de nos échanges, parfois discutables ou qui pourraient être amenés à le devenir, vous avez eu le sentiment que ma réflexion pouvait présenter quelque utilité pour tenter de sortir de notre marasme. Vous m'avez même flatté en parlant de mon « enthousiasme ».

Soudain votre plume s'est faite plus aiguë. Vous m'avez demandé si je ne souffrais pas d'un sérieux problème de crédibilité, et si je ne constituais pas mon adversaire le plus redoutable en la matière. Vous avez poursuivi en me demandant si mon principal handicap ne résidait pas dans le sentiment que je cherche avant tout à être reconnu et aimé. Vous vous êtes longuement interrogé sur le fait de savoir si mes « blagounettes », mes tours de danse échevelés devant des publics apparemment joyeux, si mon attitude à verser plus souvent qu'à mon tour dans la dérision voire l'autodérision, si mes exubérantes embrassades aux femmes et même aux hommes, si les mains aux fesses dont j'ai été accusé à tort, s'imposaient vraiment.

Cher compatriote, vous n'êtes pas le premier à pointer du doigt certains de mes actes, certaines de mes attitudes ou paroles. Je ne suis pas sûr d'être à même d'apporter une réponse définitive et scientifique à vos questions. Ce que je peux vous dire, avec la même sincérité qui a présidé à nos échanges, c'est que j'ai le sentiment de n'avoir jamais vraiment changé sur ce plan-là. Je veux surtout vous dire que j'aime passionnément ma famille. J'aime profondément les gens. J'aime la vie. J'aime la France.

Ce dont je suis certain, c'est de ressembler à quelques-uns de mes devanciers les plus proches. Il m'est arrivé aussi de les trouver un peu excessifs, parfois même un brin excentriques. Ils me faisaient rire. J'aimais leur éducation et leurs bonnes manières, autant que j'ai aimé qu'ils me les inculquent. Il est possible que j'en aie fait parfois une réduction un peu latine. Je reste convaincu qu'ils m'ont inculqué l'amour et le respect de l'autre dès mon plus jeune âge. Ils avaient leur franc-parler. Ils étaient un peu frondeurs. Je les trouvais courageux et déterminés. Ils étaient avant tout profondément humains.

Eux aussi ont aimé éperdument la France. M'identifiant à eux, je suis forcément du pays des Villon, Rabelais, Guitry, Desproges que j'ai tant apprécié, Coluche et autres inconnus non dépourvus de talent.

Il m'arrive de m'interroger sur l'accueil qu'une partie de France leur réserverait aujourd'hui. N'aurait-elle pas tendance à exagérer certains de ses traits, à se laisser aller à un peu trop de bien-pensance, à un puritanisme « à la mode anglo-saxonne » ? Alors oui, je vous le confesse, je n'ai jamais entrepris le moindre effort pour tenter de corriger mes traits de personnalité. Pour tout dire, je n'arrive pas à le regretter.

Cher compatriote, le moment me semble venu de prendre un peu de recul dans notre réflexion. Nous y verrons certainement plus clair dans quelque temps lorsque le moment de la reprendre sera venu.

Comme je vous l'ai écrit dans mon dernier courrier, j'ai apprécié votre culture et vos connaissances tout comme votre franchise.

Nos échanges m'ont permis de m'interroger sur nombre de sujets sociétaux ou du quotidien susceptibles d'intéresser nombre d'entre nous. Nous avons parfois abordé des sujets plus complexes, sur lesquels j'ai pris le temps d'approfondir ma réflexion.

Vous m'avez fourni l'occasion d'établir un lien entre la multitude d'informations dont nous disposons et la réalité de notre temps.

Merci encore, cher compatriote, pour cet échange qui ouvre un nouveau champ des possibles pour notre présent et notre futur.

Fraternelle amitié,
J. L.

ÉPILOGUE

Notre destin est entre les mains de Dieu, des dieux et de la nature, littéralement parlant.

Mais notre futur dépend de nous.

Nous devons le penser, l'écrire et l'assumer. Avec ou sans nous, il sera puisqu'il a toujours été.

Je n'ai rien écrit que vous ne sachiez déjà.

Je me suis efforcé de ne pas dire plus que ce que je savais. Une fois encore, j'ai très vite retrouvé mes limites. Une fois encore je suis passé outre.

Tout est connu dans notre si chère France. Il est encore permis à chacun, s'il estime avoir quelque chose d'important à dire ou à écrire, de le faire. Il peut prendre la parole ou la plume pour livrer son point de vue ou ses connaissances.

La multitude et la diversité des médias sont telles qu'avec eux l'information tombe comme à Gravelotte. Elle se transmet à la nanoseconde, mais parfois encore à la vitesse du porteur de parchemin des temps antiques. Des articles, même fouillés et remarquablement écrits, de somptueux reportages ou magazines donnent le sentiment de tout savoir. Les sujets traités sont multiples et épars. L'information existe mais elle n'est jamais corrélée. Les éléments qui font l'actualité ne sont jamais reliés entre eux. Il est devenu quasi impossible d'avoir une vue objective et globale de la situation dans laquelle nous nous trouvons ; exit l'information sur le mode « il était une fois » se terminant par le vocable « fin ». Comment dès lors se faire une opinion sur la réalité de notre temps ?

Nous avons confusément le sentiment d'être contraints tant sur le plan matériel, intellectuel que spirituel. Cette seule impression nous afflige, nous décourage ou nous révolte. À qui l'imputer ?

Nous sommes bel et bien éveillés. La réalité est là. Il n'y a plus d'argent dans l'espace public. Policiers et gendarmes, instituteurs et professeurs, médecins et infirmiers, salariés du public ou du privé, agriculteurs, artisans, commerçants, ont tous deux points communs. Le premier étant d'être pourchassés, le second d'être perpétuellement taxés. Nous ne sommes pas plus rassurés quant à notre devenir, que l'on soit jeune ou vieux. Nous voilà en revanche habités par une autre impression, celle d'avoir de moins en moins de liens entre nous.

Les informations qui nous parviennent de manière si confuse font état d'immenses fortunes. Certains prétendent qu'elles ont une fois de plus mis le monde à leur botte.

Notre époque est profondément inégalitaire et contrariante. Elle est agaçante. Les ombres se sont emparées de toute chose, y compris de nos vies. Elles multiplient les points de clivages, ne sont que vexations et mépris. Nous revoilà une fois encore à la croisée des chemins.

La plupart des augures le disent, parfois le hurlent telles ces sirènes stridentes et effrayantes les jours de manifestation. Un long et lourd crépuscule annonciateur de ténèbres nous absorbe déjà. Nous oscillons de plus en plus souvent entre aurore prometteuse et crépuscule annonciateur de ténèbres. Le doute et la peur nous étreignent à nouveau.

Nous vivons une époque de mutation profonde que nous devons nous efforcer de comprendre afin d'en ressaisir le contrôle. L'histoire nous rappelle ce à quoi ces périodes peuvent conduire l'humanité si nous renonçons.

Tant d'hommes connurent avant nous des crépuscules heureux dans la paix du soir ! Et tant d'aurores magnifiques les éveillèrent au matin calme. D'autres les connaîtront, à leur tour, bien après nous.

De la place publique bruyante et encombrée au calme de la maisonnée chaleureuse, j'éprouve le même sentiment de bonheur simple mais fragile. J'ai eu la chance de traverser tant de bons et mauvais jours, sans accroc majeur, et toujours passionnément aimé la vie. Elle me fut offerte un jour par un homme et une femme qui s'aimaient autant qu'ils nous aimèrent.

Je vois mes propres enfants. Ils sont éclatants de vie, aussi à leur aise à Lourdios-Ichère qu'ils chérissent, qu'à travers le vaste monde. Ils aiment chanter autant qu'entendre chanter. Ils ont le frisson en écoutant, descendant des travées de stades archi-combles, les hymnes irlandais, écossais, gallois ou corses.

J'ai rencontré notre jeunesse dans les amphithéâtres des plus grandes écoles ou lors de soirées festives. J'ai mesuré leur immense potentiel humain et intellectuel.

Moins politisés que nous ne l'étions à leur âge, ils sont pourtant au fait de leur actualité. Pas forcément celle des télévisions ou des journaux qu'ils ignorent, mais celle de leur univers à eux. Ceux qui ont la chance d'étudier sont cultivés et pragmatiques. Ils savent ce qu'ils veulent. Ils n'ont pas de temps à perdre. Si notre pays tarde à prendre leur projet en compte, ils partent pour le Canada, l'Australie, la Silicon Valley ou la Chine. Ceux qui ont eu un parcours différent sont aussi informés et habités par le même désir d'indépendance. Dans leur grande majorité, ils n'en ont hélas pas les moyens. Je pressens autant leur joie de vivre qu'un zest d'interrogation sur leur avenir.

Ils ont tous un point commun, ils aiment la France, notre patrie. Ils le disent comme on n'ose plus le dire depuis longtemps déjà.

Je souhaite que ces lignes dans lesquelles je me suis efforcé de vous entretenir en conscience trouvent un écho dans la vôtre.

J'ai évoqué nombre de sujets, dont j'ai le sentiment qu'ils occupent l'esprit de nombre d'entre vous. Ils occupent aussi le mien.

Le moment de nous reprendre en main et d'agir est venu. Je crois en la force de l'homme, en son inexpugnable volonté de reprendre sa longue marche sans chaîne ni servitude.

L'homme va retrouver l'homme. Ensemble, ils redeviendront citoyens. Des citoyens qui échangent, retrouvent le sentiment d'exister, le goût de la responsabilité et la puissance de l'engagement. Ils retremperont un peuple qui naguère se déclara souverain, retrouveront Marianne s'éveillant d'un long sommeil. Elle nous redonnera le goût de la vie partagée. Elle est liberté et espoir. Elle saura, avec son infinie tendresse, nous rassurer, nous rassembler. La France, à nouveau choyée, portée par ces millions d'intelligences et de bras, se transcendera. Elle entreprendra de se « retaper ». Alors que personne ne l'attendait plus, soutenue par ses aînés retrouvés et ses jeunes avertis et impatients, volontaires et déterminés, la France écrira une nouvelle et belle page de son singulier récit.

Elle va réapprendre à apprendre, recréer ou inventer l'emploi qui nous manque. Elle retrouvera l'argent qui fait si cruellement défaut au plus grand nombre. Elle reprendra le gouvernail abandonné à des diseurs de bonne aventure. Elle nous offrira de nouveau l'occasion de nous réaliser. Encouragés et confiants, nous allons refaire France, une France ni trop petite ni trop grande, notre France éternelle. Elle réclamera bien vite ses attributs, sa République, son État, sa représentation. Je la sens bien capable de râler un peu si nous devions tarder à nous exécuter. Elle n'a plus une minute à perdre. Sa voix retrouvée, elle veut à nouveau afficher sur tous ses frontons « Liberté, Égalité, Fraternité, Laïcité ».

Marianne entend s'occuper de ses campagnes, de ses villes, de ses zones abandonnées. Elle connaît l'ampleur des dégâts causés par ceux qui se sont autorisés à parler en son nom. Elle sait qu'elle doit doter l'ensemble de ses enfants des nouvelles énergies renouvelables. Leur avènement ne peut que susciter un irrésistible enthousiasme, car le moment est venu de faire enfin confiance au soleil, à sa mer et à sa terre. Ces derniers lui sont toujours restés fidèles. Ils l'ont réchauffée lorsqu'elle avait froid, lui ont rappelé le goût du large lorsqu'elle s'est sentie seule, l'ont nourrie.

Ces énergies fringantes et guillerettes ne tarderont pas à procurer quelques dividendes. Elles nous épargneront le caractère sordide et le coût terrible, humain, financier et écologique, des hydrocarbures.

Marianne sait aussi qu'elle doit retrouver un espace politique et financier. Elle veut reconstruire des usines de notre temps et engager le grand dessein qui depuis toujours fait battre son cœur en silence : « campagnes de France, grande cause nationale ». Elle saura, avec nos maires, nos agriculteurs retrouvés, mais aussi nos petits jeunes du service civique, restaurer notre jardin « à la Le Nôtre ».

Elle rendra visite jusqu'au dernier de ses enfants.

Elle les connaît bien ! Ils aiment les bonnes choses. Ils savent ce qui est bon pour leur santé. Les paysans de France l'accompagneront là aussi. Investis, fiers et dignes, ces derniers feront le nécessaire.

Marianne est restée coquette. Elle veut retrouver ses plus beaux atours et ses bijoux. Elle veut à nouveau porter ses plus belles parures : Paris, que le monde entier lui envie, mais aussi Marseille, Strasbourg, Bordeaux, Toulouse, Lyon et toutes les autres villes et villages de France. Elle exige de retrouver ses plus somptueux habits, sa belle tunique vert émeraude au printemps, sa robe d'or, couleur du soleil, pour l'été. Elle enfilera aussi son étole couleur pourpre, sertie de rubis, pour l'automne, puis revêtira sa robe de mariée sous une fourrure couleur neige pour l'hiver.

Sublimée, en paix avec les siens retrouvés, elle aura redonné espoir et goût de vivre bien au-delà de chez elle. Frères d'ici ou d'ailleurs, ils traversent les mêmes affres dont elle nous sait en train de sortir irrésistiblement. Elle a retrouvé sa langue, sa dimension universaliste. Elle entend désormais se consacrer à la paix, sa mission suprême. Elle pleurait lorsque le monde recommençait à s'ensanglanter et sait que la paix appelle la paix.

Rassemblés et unis, nous allons pouvoir nous consacrer à cet avenir, si riche de promesses.

Prêts à retrouver maintenant le vouloir et le pouvoir, nous devons entrer dans un paradigme nouveau. Ce dernier ne dépend pas d'une seule volonté. Chacun d'entre nous doit y prendre sa part. Nous savons que pour le faire aboutir il convient de résister d'abord au système avant de le vaincre. En ce qui nous concerne nous agissons déjà avec notre mouvement *Résistons !* L'enfant se porte bien ; d'autres petits frères viendront le rejoindre ou l'ont déjà précédé.

La résistance ne s'improvise pas, elle s'apprend. La résistance se cultive. Elle prépare l'irrésistible combat non violent. Car je crois, comme Gandhi, que « le bonheur c'est lorsque nos pensées, nos paroles, nos actions sont en harmonie. »

Pour cela, préparons un dessein nouveau. Il le faut attirant, juste, équitable, pour que chacune et chacun éprouve le désir de le construire en lui apportant ce qu'il a de meilleur. Comme le dit un proverbe africain : « Tout seul on va plus vite, ensemble on va plus loin. »

N'abandonnant personne à une agonie sur son propre trottoir ou de l'autre côté de la cloison, nous reprendrons notre marche vers un futur partagé.

Nous réapprendrons à chercher des solutions nouvelles, à transmettre le savoir, à partager nos richesses, à rassembler et rassurer afin de recréer un profond sentiment d'unité. Le moment est venu de laisser libre cours à nos rêves. Il en est qui nous tient tous à cœur : sommes-nous les seuls êtres vivants de cet univers infini ?

Nos vies vont redevenir pleines et légères. Libérées du sentiment de manquer, nous allons nous investir pour réfléchir à ce dont nous avons besoin pour poser les bases de jours heureux.

Y'a de la joie!, ce n'est pas seulement le titre d'une chanson qui a fait le tour du monde. Il s'agit d'un sentiment profond qui gagne lorsqu'on est enfin libéré de l'emprise du système. La joie est un art de vivre. Elle ouvre le cœur autant qu'elle libère. Elle est irrésistible et légère. Elle est une prédisposition de l'âme. Nous inviterons et recevrons toutes les jeunesses du monde pour leur faire partager notre espoir retrouvé.

Alors que nous évoquions nos jours sombres, nous avons fini par imaginer le retour des jours heureux. Ce n'est qu'un début, tout reste à faire. La tâche est immense, à la mesure de la France. Je veux croire comme Paulo Coelho que « l'heure la plus sombre est celle qui vient juste avant le lever du soleil. »

Je sais pouvoir compter sur vous et sur ceux qui décideront de se lever à leur tour pour prendre nos distances avec ce matérialisme sombre.

Notre nouveau chemin est tellement plus éclairé. Il est retrouvailles, réflexion libre et joyeuse. Il a les couleurs de l'espoir. Il est transcendance de nos vies isolées. Il est civilisation retrouvée. Est-il si éloigné de celui d'André

Malraux qui murmurait : « C'est très rare qu'une civilisation ne se fonde pas sur des valeurs spirituelles. »

Quel que soit celui que nous choisirons, poursuivons-le jusqu'à ce que le soleil revienne, véritablement, pour toujours.

« *Si tu veux un village, si tu veux un pays qui vit, qui chante et parfois même s'abandonne au rêve, laisse-toi aller, délaisse ta tristesse et ouvre ton cœur. Regarde à nouveau vers la lumière. La lumière, aujourd'hui comme demain, sera toujours la même. Elle t'invitera à aimer et apporter ton aide afin de retrouver la paix* », Bernard Bourguinat, ancien maire, poète chevrier d'Aydius.

REMERCIEMENTS

Comment ne pas saluer la si joyeuse et professionnelle petite équipe qui a cheminé à mes côtés tout au long de l'aventure qu'a constituée le présent ouvrage. J'embrasse dans un même élan Dalila Berbagui, Jacques Desmaisons, Bruno Tessarech, Nicolas Gardères, Dominique Bugat et Christine. Leur expertise autant que leur savoir auront été déterminants.

TABLE

Achevé d'imprimer en février 2022
par la Société TIRAGE - 91941 COURTABŒUF

Dépôt légal : juin 2020
M16432/10

Imprimé en France